Guía Para Generar Ingresos Pasivos

Versión Drop Shipping

Cree Ingresos Pasivos Con El Comercio Electrónico Usando Shopify, Amazon FBA, Marketing de Afiliación, Arbitraje Minorista, Ebay y Redes Sociales

Por

Income Mastery

cualquier reparación, daño o pérdida monetaria debido a la información aquí contenida, ya sea directa o indirectamente.

Los autores respectivos son dueños de todos los derechos de autor que no posee el editor.

La información aquí contenida se ofrece únicamente con fines informativos, y es universal como tal. La presentación de la información es sin contrato ni ningún tipo de garantía.

Las marcas comerciales que se utilizan no tienen ningún consentimiento, y la publicación de la marca comercial no tiene permiso ni respaldo del propietario de la marca comercial. Todas las marcas comerciales y marcas de este libro son solo para fines de aclaración y son propiedad de los propios propietarios, no están afiliados a este documento.

Table of Contents

Introducción

El comercio en línea está en auge, y nunca ha sido un mejor momento para involucrarse con el dropshipping. Si está buscando una forma de emprendimiento empresarial que tenga bajos costos de inicio y un increíble potencial de crecimiento, ¡sigue leyendo! ¡Dropshipping se ha convertido en una de las formas más firmes de construir un negocio en línea y la mejor parte es que haces todo de manera electrónica! No necesita gastar una fortuna en la construcción de un inventario, no necesita manipular físicamente los productos para enviar y ciertamente no necesita alquilar una tienda. ¡Todo lo que necesitas es una computadora, una pasión por los negocios y un plan!

Este libro cubrirá todo lo que necesita saber sobre el dropshipping, desde los conceptos más básicos de la creación de su propio negocio, hasta sobre cómo evitar las trampas comunes de tal esfuerzo. Revisaremos cada paso del proceso, explicando qué es el dropshipping, cómo funciona todo y, lo más importante, cómo puedes ganar dinero con él. Si has escuchado a empresarios exitosos hablar sobre dropshipping antes y quieres saber cómo puede beneficiarte, ¡sigue leyendo!

Capítulo 1: ¿Qué es Dropshipping?

Dropshipping (o Envío Directo traducido al español) es la práctica de vender un inventario sin manipular los productos físicos usted mismo. Gracias al poder de la conectividad en línea, ¡no necesita comprar productos a granel y luego almacenarlos si quiere venderlos! En su lugar, trabaje para crear un sistema de dropshipping, donde obtiene sus productos de un fabricante o mayorista, crea una tienda en línea y luego trabaja con el proveedor para completar los pedidos.

Dropshipping es un negocio que se realiza puramente en línea, el cual le permite adquirir y vender productos a través de su propio escaparate en línea. Gracias a sitios web como Shopify, que tienen complementos que pueden ayudar en el proceso de envío directo, puede ejecutar una tienda de ventas en pleno funcionamiento, todo desde la comodidad de su hogar. Aún más que eso, puede acelerar y automatizar procesos, liberando su tiempo para concentrarse en sus objetivos empresariales.

Para comprender el proceso de dropshipping, debe considerar cómo se venden y distribuyen los productos. Un proveedor tiene sus productos almacenados, pero no venden dichos productos directamente a los clientes. Por el contrario, confían en un intermediario, conocido como minorista, para comprar los productos a un precio mayorista. El minorista luego etiqueta los productos y los vende en el mercado.

Un dropshipper es alguien que se involucra en el paso final del proceso de ventas. En lugar de producir o manejar los productos ellos mismos, simplemente comercializan y venden productos en su sitio web. Cuando se compra un producto, el dropshipper toma el pedido y se lo envía al proveedor, que luego empaqueta el producto y lo envía a su cliente.

En cierto modo, un dropshipper es similar al minorista tradicional, con la gran excepción de que nunca tocan los productos en el proceso de venta. Esto significa que no tienen que gastar dinero en acciones o costosas tarifas de almacenamiento. En cambio, su enfoque principal es crear una tienda en línea, donde crean marcas y venden productos a los clientes.

Dropshipping es un gran negocio en línea para aquellos que no tienen una gran cantidad de capital para comenzar un negocio tradicional. Con la baja barrera de entrada y la facilidad de aprendizaje, puede poner en marcha su propio negocio a las pocas semanas de comenzar. Mejor aún, ¡hay muchas personas que han podido dejar sus trabajos y enfocarse en el dropshipping a tiempo completo!

Pero para lograr ese nivel de éxito lleva tiempo y, lo más importante, una comprensión de los inconvenientes del dropshipping. Si siempre ha querido administrar su propio negocio pero ha tenido problemas con los costos, puede probar el dropshipping. No es difícil de hacer y, lo que es más importante, aprenderá muchas lecciones importantes sobre emprendimiento y responsabilidad. Los costos son bajos, el trabajo es gratificante y hay mucho potencial de crecimiento y de ventas. Si todo eso le parece una buena idea, pasemos al siguiente capítulo y examinemos los beneficios del dropshipping en comparación con otros modelos de negocios.

Capítulo 2: Pros del modelo de Dropshipping

Dropshipping en sí tiene muchos pros y contras. En este capítulo, cubriremos los aspectos positivos principales del modelo de dropshipping.

Dropshipping Requiere Muy Poca Inversión de Capital

Uno de los mayores inconvenientes para administrar una tienda tradicional es el hecho de que es bastante costoso hacerlo. Para comenzar, debe tener una gran cantidad de capital, de modo que pueda adquirir cosas como propiedades, suministros, etc. Sin embargo, el modelo de dropshipping requiere una cantidad mucho menor de capital para comenzar.

Los mayores costos que enfrentará al principio serán de la adquisición de sitios web y herramientas para ayudarlo a encontrar nichos, todos los cuales son mínimos en comparación con los puntos de precio regulares de iniciar un negocio tradicional. Si tienes un presupuesto reducido, ¡sin duda puedes comenzar a hacer dropshipping!

Es Súper Fácil Comenzar

No hay barreras reales de entrada cuando se trata de dropshipping. Todo lo que necesita es tiempo y dedicación para seguir los pasos necesarios para encontrar un proveedor, crear una tienda en línea y hacer la investigación necesaria para los tipos de productos que desea vender. No es necesario obtener una licencia, realizar cursos o gastar una fortuna en algún tipo de kit de herramientas para principiantes para comenzar. De hecho, podría comenzar tan pronto como cuando usted termine este libro.

Hay Menos Costos Generales

Las tiendas tradicionales tienen un alto nivel de gastos generales. Cosas como el alquiler, pagar para mantener las luces encendidas y los salarios del personal pueden reducir las ganancias de su negocio. Sin embargo, con el dropshipping, no tendrá que preocuparse por este tipo de costos generales. No tendrá que operar un escaparate físico, ni tendrá que mantener su propio inventario. En cambio, simplemente tendrá que pagar por cosas como el alojamiento web y los servicios de tarjetas de crédito, ¡todos los cuales son significativamente más baratos que el alquiler de un espacio físico por un mes!

Acceso a una Amplia Selección de Productos.

Los tipos de productos que se pueden vender son prácticamente ilimitados. Siempre que pueda encontrar un proveedor que pueda satisfacer la demanda y esté dispuesto a trabajar con usted, puede vender cualquier producto que desee. Y tampoco tiene que especializarse en un solo tipo de producto. Puede trabajar con tantos proveedores como desee y, sin embargo, vender todos sus productos en una tienda. ¡Siempre y cuando pueda manejar la logística de trabajar con cada proveedor de forma independiente, no hay límite para lo que puede ofrecer en su tienda!

No es Difícil Escalar

Una vez que haya aprendido cómo ejecutar una operación de dropshipping, descubrirá que escalar su negocio hacia arriba no es tan difícil de hacer. Mayores cantidades de pedidos en realidad pueden ser más baratos, ya que a menudo se traduce en descuentos por volumen de los proveedores. Ya sea que venda 100 productos al mes o 1,000 al mes, los principios del dropshipping siguen siendo los mismos. ¡Todo lo que realmente cambia son los márgenes de ganancia!

Acceso a un Mercado Global.

Uno de los componentes más valiosos del dropshipping es el hecho de que estás operando completamente en línea. Esto les da acceso a su tienda a personas de todo el mundo. Mientras pueda ofrecer tarifas de envío internacionales decentes, podrá atraer clientes desde cualquier parte del planeta. Esto amplía su mercado significativamente más que si estuviera ejecutando un escaparate físico.

Se puede Automatizar Fácilmente

Dropshipping requiere una buena cantidad de trabajo, pero la buena noticia es que hay una gran parte de ese trabajo que puede automatizar. Existen bastantes aplicaciones y servicios que ofrecen servicios inteligentes que pueden ayudar con algunas de las tareas que requieren más tiempo. Desde la creación e impresión automática de etiquetas de envío hasta el seguimiento del inventario, estas tareas de automatización le ahorrarán cientos de horas.

No hay Escasez de Proveedores y Fabricantes.

Una de las tareas más importantes cuando se trata de dropshipping es encontrar proveedores y fabricantes que estén dispuestos a trabajar con usted. Una vez los haya localizado y haber negociado con ellos, estos proveedores le proporcionarán los productos necesarios para vender en línea. Gracias a la conectividad de Internet y la capacidad de trabajar con cualquier persona, en cualquier lugar, encontrará que no hay escasez de proveedores y fabricantes. ¡Mientras pueda demostrarles que tiene un plan de negocios elaborado y una plataforma de ventas legítima, no debería tener problemas para convencerlos de que le proporcionen productos para vender!

En última instancia, el envío directo le permite evitar muchos de los obstáculos tradicionales que se interponen en el camino para iniciar un negocio. La capacidad de conectarse al mercado global, ahorrar dinero en gastos generales y escalar el negocio a medida que crece la capacidad y la base de clientes hacen que el dropshipping sea uno de los modelos de negocios en línea más atractivos que existen. Sin embargo, esto no quiere decir que el dropshipping en sí no tenga inconvenientes. Pasemos al siguiente capítulo, donde veremos los contras del dropshipping.

Capítulo 3: Contras del modelo Dropshipping

Es importante conocer los inconvenientes y las deficiencias de cualquier modelo de negocio antes de involucrarse. Este capítulo destacará algunos de los desafíos, problemas y frustraciones que pueden venir con el modelo de dropshipping. Esto no debería desanimarlo a involucrarse, sino que debe ayudarlo a comprender con precisión algunos de los desafíos que enfrentará a medida que se involucre más en este negocio.

Escasez Repentina de Existencias

Los recursos en este mundo no son ilimitados. Habrá momentos en que, por alguna razón, un proveedor no puede satisfacer la demanda de un producto. O bien, la demanda ha aumentado tanto que los productos se están moviendo de los estantes demasiado rápido, o algunos problemas logísticos han interferido con la creación del producto. Independientemente de la razón, puede haber situaciones en las que tenga un montón de pedidos y no haya suficientes productos para enviar. Esto requerirá una adaptación rápida y un trabajo de su parte para descubrir cómo cumplir con esos pedidos, ya sea encontrando otro proveedor rápidamente o retrasando el envío, lo que puede crear problemas de servicio al cliente.

Mayor Costo de Bienes Vendidos

Los precios pueden cambiar debido a una variedad de factores económicos y de mercado. Algo podría estar vendiéndose a bajo precio hoy, pero mañana, los precios pueden subir. Si ese es el caso, tendrá que encontrar una solución de venta más barata o pagar el costo usted mismo, lo que puede reducir los márgenes. Los precios no siempre fluctúan, pero es una posibilidad cuando se trabaja con proveedores y fabricantes.

Mayores Costos de Cumplimiento

El cumplimiento puede ser una de las partes más caras del negocio. Las tarifas de envío, las tarifas de manejo y servicio pueden afectar sus márgenes. Tendrá que estar atento para encontrar formas de reducir estos costos tanto como sea posible, pero a medida que más y más personas se involucren con el dropshipping, algunos proveedores descubren que ahora tienen el lujo de cobrar más por los servicios.

Más Problemas de Servicio al Cliente

Debido a que no participa en el proceso de empaque y envío, es probable que ocurran errores. Un cliente puede terminar recibiendo un producto que está dañado o que no ha sido empaquetado adecuadamente. A veces pueden terminar recibiendo la orden incorrecta. Las instalaciones de cumplimiento tienden a procesar muchos pedidos y no todo se puede hacer perfectamente cada vez. Puede esperar que haya percances que sucedan con el tiempo.

No tienes Control Total sobre el Negocio

Ser un dropshipper es ser un intermediario. Está creando una tienda y mostrando productos, pero en realidad no tiene ningún acceso físico a esos productos. Al final del día, habrá cosas que están fuera de tu alcance. Si bien puedes trabajar tan duro como puedas para asegurarte de que no habrá problemas de inventario, que la calidad del producto se mantenga alta y que las personas reciban los pedidos de manera oportuna, todo eso queda en manos de otras personas. Solo puede reaccionar y adaptarse en consecuencia a las situaciones y problemas a medida que estos surgen, pero su capacidad para prevenir este tipo de problemas es limitada debido a la falta de control total.

Confianza en el Inventario

Sin inventario, no tienes un negocio. Encontrar buenos proveedores que sean confiables y capaces de proporcionarle el inventario que necesita es crucial. Como usted no es el propietario de los productos y no los tiene almacenados en su propio almacén, deberá trabajar para asegurarse de tener un inventario adecuado en todo momento. Si un proveedor no puede satisfacer la demanda repentinamente, se encontrará en un mundo financiero dañado.

Posibles Problemas de Control de Calidad

Dado que no está trabajando directamente con los productos, eso significa que los estándares de calidad pueden deslizarse con el tiempo. Necesitará monitorear de cerca sus productos, probándolos de vez en cuando para asegurarse de que se mantengan en los mismos niveles de calidad que promete a su cliente. Lo último que desea es lanzar un gran envío de productos de calidad mediocre o de bajo nivel. Pero, dado que usted no es directamente responsable de la producción o el envío de esos productos, tendrá que confiar en el proveedor o fabricante para mantener la calidad lo más alta posible.

Mercados Superpoblados

El costo perdido para comenzar, combinado con el hecho de que cualquier persona con un sentido comercial decente puede ejecutar una operación de dropshipping significa que los mercados pueden estar bastante superpoblados. Tendrá que lidiar con la competencia y luchar para encontrar una manera de distinguir su propio negocio de los demás. Esto se puede remediar un poco encontrando el tipo de nicho adecuado para su producto, pero con los nuevos sitios web de dropshipping que se abren todos los días, eventualmente tendrá que lidiar con algún tipo de competencia.

Sin Garantía de Ganancias

Al igual que todos los esfuerzos comerciales, simplemente no hay garantía de que verá ganancias de una operación de dropshipping. ¡Por supuesto, las únicas personas que garantizan ganancias son las que están tratando de sacar provecho de usted! El hecho es que el dropshipping tiene riesgos. La buena noticia es que con un costo de entrada tan bajo, no tendrá que arriesgar decenas de miles en una idea. Pero aún así debe saber que no hay garantía de que verá un retorno de su inversión, al igual que cualquier esfuerzo empresarial.

Requiere Habilidad Técnica Básica

El Dropshipping requiere que tengas algunas habilidades técnicas básicas. Necesitará saber cómo operar una computadora, cómo funcionan las aplicaciones y cómo comercializar y negociar. Las dos primeras habilidades no son difíciles de aprender, pero muchas personas se resisten a la idea de comercialización y negociación. Aun así, esas dos habilidades son necesarias si quieres encontrar algún nivel de éxito en tu operación de dropshipping.

Más Productos o Proveedores Significa más Trabajo

El uso de múltiples proveedores aumenta en gran medida la complejidad de su operación. Tendrá que rastrear múltiples compañías, recordar las reglas y procedimientos de cada proveedor, así como también mantener controles de control de calidad de diferentes fuentes. Esto puede resultar un poco abrumador, especialmente si no tiene experiencia. Sin embargo, puede utilizar los servicios de automatización para ayudar a reducir esta complejidad, pero aún existen desafíos asociados con el aumento del tamaño de su proveedor o grupo de productos.

Márgenes Bajos

En el mundo de los negocios de dropshipping, sus márgenes no serán muy altos. La razón detrás de esto es que la accesibilidad del tipo de negocio significa que siempre habrá competencia, y la competencia mantiene los precios bajos. La entrada fácil en el mercado significa que los márgenes siempre se mantendrán muy bajos, ya que no es necesario invertir una gran cantidad de capital para comenzar. Por lo tanto, si espera obtener una gran cantidad de ganancias en un corto período de tiempo, se sentirá decepcionado con el dropshipping. Se puede ganar mucho dinero, pero lleva tiempo establecer un negocio que pueda generar una mayor cantidad de ganancias.

Complejidades de Envío

El envío, encontrará, es uno de los problemas más complicados en el mundo del dropshipping. Hay muchas cosas que pueden salir mal en el tiempo que le toma a un cliente hacer clic en el botón de compra y que el paquete llegue a su casa de manera segura. Deberá crear un método para proporcionar de manera efectiva a los proveedores información de envío que sea precisa y rápida. En ocasiones, se enfrentarán demoras, así como problemas causados por las propias compañías de envíos, como la pérdida de sus paquetes. Todo esto es parte del proceso, pero puede causar frustración en los clientes.

En general, los peligros del dropshipping realmente provienen del hecho de que no tienes el control directo de la producción y distribución de tus productos. Por otra parte, estos dos factores también son el principal beneficio detrás del dropshipping, ya que no tiene que pagar para producir y almacenar artículos por su cuenta.

Con el tiempo, descubrirá que estos desafíos únicos pueden superarse mediante una planificación adecuada, mediante la previsión y el pensamiento rápido cuando los problemas levantan sus feas cabezas. No tiene que sentirse intimidado por esta lista, pero debe preguntarse si estos son los tipos de cosas que puede manejar. Dropshipping es un tipo de negocio activo, tendrás que trabajar regularmente para construirlo. Si está buscando una forma pasiva de generar ingresos, tenga en cuenta que hay mucho trabajo relacionado con el dropshipping. ¡La buena noticia es que una vez que se familiarice con las cosas y tenga algo de experiencia, descubrirá que el negocio puede ser divertido y rentable!

Capítulo 4: Comenzando su Propio Negocio de Dropshipping

Antes de que Comiences

Antes de comenzar a seguir todas las instrucciones de este libro para configurar su propio negocio de dropship, deberá considerar si este es el negocio adecuado para usted. El dropshipping requiere tiempo, energía y esfuerzo. No es un simple esquema rápido para hacerse rico y ciertamente no es algo que pueda configurar y luego dejar que se ejecute por su propia cuenta. Tendrá que administrar activamente este negocio, pasar tiempo aprendiendo los entresijos y, lo que es más importante, trabajar constantemente para mejorar el lado operativo del negocio.

El Dropshipping es una inversión de tiempo y dinero. Cuanto más esté dispuesto a invertir, más ganancias verá. Este no es un negocio para los débiles de corazón, es un asunto creciente y cambiante que muta constantemente con el tiempo. Existe un tremendo potencial para obtener ganancias financieras, siempre y cuando esté dispuesto a trabajar.

Por lo tanto, si está buscando un proyecto que tenga potencial para aumentar su riqueza y esté dispuesto a dedicar el tiempo necesario para obtener lo que desea,

¡adelante! Pero si no está listo para dar el 100% a la empresa, si no está dispuesto a pasar horas y horas de estudio y preparación, es posible que desee considerar una idea de negocio diferente. Hay muchos otros tipos de negocios más casuales, pero el dropshipping es solo para aquellos que están dispuestos a invertir seriamente. Cualquier cosa menos que el enfoque completo y la atención dará como resultado retornos mínimos.

La Mentalidad Requerida para tener Éxito

El éxito en los negocios puede ser difícil de lograr. Ganar dinero no es una tarea fácil, si lo fuera, entonces todos lo harían. Pero la verdad del asunto es que el éxito financiero con el dropshipping requiere valor y prisa. Las cosas no te irán bien al principio. Habrá muchas fallas, accidentes y pasos en falso que pueden amenazar su negocio. Te enfrentarás a cometer errores que comete todo principiante. Puede terminar perdiendo un poco de dinero en el proceso.

El valor es la capacidad de soportar estas dificultades y seguir avanzando. La verdadera determinación te permite seguir adelante y seguir tu plan, independientemente de lo difícil que pueda ser. Dirigir un negocio es difícil, mucho más difícil que simplemente presentarse para trabajar en otro trabajo. Cuando eres un empleado, no tienes que arriesgarte ni tomar decisiones difíciles. Al final del día, le pagan por lo que está haciendo, independientemente de cuánto dinero gane la empresa. Pero ser dueño de un negocio es fundamentalmente diferente.

Cuando eres el dueño, todo depende de ti. La cantidad de dinero que gana está determinada por su ajetreo, por su nivel de energía y, lo más importante, por sus decisiones comerciales. No tienes a nadie a quien recurrir cuando eres tú quien está tomando las decisiones. Sin embargo, al mismo tiempo, esto también significa que usted es quien obtiene la mayor parte de las ganancias. Usted es en última instancia responsable del éxito o el fracaso de su negocio, y esa responsabilidad viene con un cheque de pago más alto, siempre que pueda resistirlo.

La mentalidad del éxito es simple: soportar los problemas que se te presentan y resuélvalos todos los días. Trabaje lo más que pueda para ganar dinero, aumente su número de clientes y cree una marca sólida y descubrirá que su negocio crecerá y prosperará. Tómelo con calma, afloje o espere a que aparezcan las oportunidades y su negocio disminuirá.

Si quiere tener éxito, debe asumir toda la responsabilidad. Al final, su negocio es 100% suyo, para hacer lo que quiera. Puede tener éxito, pero llevará tiempo. Trate cada falla o error como una oportunidad para aprender y no se rinda debido a la frustración con el lugar donde se encuentra actualmente. El verdadero éxito es la capacidad de resistir el fracaso, aprender de sus errores y luego seguir adelante. No seas demasiado duro contigo mismo. Al final del día, siempre y cuando estés dispuesto a seguir trabajando en ello, ¡encontrarás el éxito en el negocio de dropshipping!

Edúcate tú Mismo

Hay muchas opciones a la hora de comenzar con el dropshipping. A veces puede sentirse abrumado por la gran cantidad de elecciones que tendrá que hacer al principio. El mejor lugar para comenzar es simplemente a través de la investigación. Dedique una gran parte de su tiempo a leer sobre dropshipping, estudie cómo hacerlo correctamente, mire estudios de casos y lea otras historias de éxito. Cuanto más te sumerjas en el dropshipping, más claro te parecerá el futuro.

La educación es su arma principal cuando se trata de tener éxito en este campo. Si bien es necesario trabajar duro para poner en marcha un producto, la educación y la investigación le proporcionarán las instrucciones correctas. No importa qué tan rápido puedas correr, si vas en la dirección incorrecta solo terminarás perdido. Comience con un régimen intenso de estudio e investigación. Debes conocer todos los entresijos de dropshipping antes de comenzar realmente. De esa manera, a medida que avance, solo tendrá que volver al material educativo como punto de referencia.

Crea un Plan de Negocios

Una vez que haya pasado el tiempo para aprender todo sobre el dropshipping, finalmente será el momento de comenzar a crear un plan de negocios funcional. El plan de negocios contendrá todo sobre su operación de dropshipping. Cubrirá lo que está vendiendo, cómo planea obtener acceso a esos productos, sus ideas de marca y marketing, así como sus objetivos para la operación.

Es necesario un plan completamente escrito para concentrarte. Al crear objetivos agradables y enumerar los pasos que tomará para lograrlos, podrá concentrarse en marcar esa lista cada día. No tendrá que preguntarse "¿qué sigue?" Porque habrá planeado todo con anticipación. Además de eso, tener un buen plan de negocios es invaluable cuando se trabaja con proveedores. La mayoría de los proveedores quieren saber que están trabajando con profesionales legítimos, no con una persona con ambiciones oscuras.

Deberá enumerar cosas como su nicho de mercado, el grupo demográfico objetivo, una lista de proveedores con los que se pondrá en contacto, la plataforma en la que pretende vender y los sistemas de automatización que utilizará. Cubriremos todo estas cosas a lo largo de este libro.

Financiando su Negocio de Dropshipping

El Dropshipping se puede hacer de forma bastante económica, por lo que no tiene que preocuparse demasiado por recaudar capital. La mejor estrategia para financiar su negocio es simplemente usar el dinero que ha ahorrado. Claro, correrá el riesgo de perder ese dinero, pero no tendrá que preocuparse por pagar ningún tipo de préstamo u otros inversores. Luego, a medida que obtiene ganancias, puede reinvertir ese dinero directamente en el negocio de dropshipping, ampliando su potencial para obtener más ganancias. Esta es la forma más segura y saludable de financiar su negocio.

La determinación, la pasión y la educación son necesarias si quieres tener éxito en el mundo del dropshipping. Mientras pueda concentrarse en dedicar horas y aprender los trucos del oficio, podrá ganar dinero con el dropshipping. En los próximos capítulos, profundizaremos en los detalles del proceso de dropshipping, comenzando con la cadena de suministro y terminando con el manejo de inventarios. Hay mucha información que tomar, así que vaya a su propio ritmo, aprenda todo lo que pueda y una vez que se sienta listo, comience a trabajar en un plan de negocios. No hay razón para apresurarse. Como dice el dicho, mida dos veces, corte una vez. No querrás perder tu tiempo y dinero con solo toparte con el dropshipping. Tienes todo el tiempo del mundo para construir un gran negocio efectivo.

Capítulo 5: Comprensión de la Cadena de Suministro y el Proceso de Cumplimiento

Para poder entender su papel como dropshipper, deberá comprender cómo funciona la cadena de suministro. Hay un proceso largo y complicado entre la compra de un producto y su recepción, que generalmente involucra a múltiples grupos de personas que juegan un papel muy específico. Estos roles determinan la cadena de distribución, comenzando con la producción.

Fabricantes

Un fabricante es solo eso, una empresa que crea físicamente los productos que terminarán vendiéndose en las tiendas. El fabricante puede ser tan pequeño como una operación de un solo hombre, creando jabones artesanales fuera de su hogar, o puede ser tan grande como una fábrica importante, produciendo en serie fundas para teléfonos celulares. El fabricante varía en ambos tamaños. Un fabricante creará el producto y luego lo venderá a mayoristas o minoristas, que luego se venden por un marcado. Es raro ver a un fabricante dispuesto a vender directamente al público en general, ya que a menudo prefieren ganar dinero a través de ventas a mayoristas.

Los fabricantes a menudo requieren órdenes de compra mínimas para obtener sus suministros. Por lo tanto, para poder trabajar directamente con un fabricante, debe poder proporcionarle un número mínimo de órdenes de compra. Estos mínimos a menudo son bastante grandes, por lo que para la mayoría de los dropshippers que están comenzando, tendrán que trabajar con un mayorista.

Mayorista

Un mayorista es el que compra los productos creados por los fabricantes. Realizan grandes pedidos de compra, compran a granel y luego, a su vez, venden sus productos a minoristas para obtener un recargo. Aquí es donde obtienen sus ganancias, ya que el margen suele ser mucho más alto que el costo de adquisición. El modelo de negocio de un mayorista generalmente se centra en adquirir productos y luego venderlos a minoristas, en lugar de centrarse en vender al público.

Minorista

Un minorista es una empresa o individuo que compra un producto a un mayorista y luego lo vende por un mayor margen de beneficio. Como dropshipper se lo considera un minorista, aunque los detalles son un poco diferentes, ya que no está pagando por el producto hasta después de que ya lo haya vendido. Los minoristas tradicionales hacen pedidos a los mayoristas, pagan el inventario y luego lo venden en sus escaparates. Un dropshipper solo coloca la orden de compra cuando ha realizado una venta, confiando en que el mayorista se encargará del envío y manejo.

Los Consumidores

Los consumidores son las personas que toman la decisión de comprar productos. En realidad, a los consumidores no les importa saber los detalles de dónde proviene un producto. En general, su percepción es que el minorista al que le están comprando es el responsable del producto. La discusión de mayoristas o fabricantes no les importa, ya que esos dos proveedores no están directamente involucrados en la venta. Lo único que le importa a un consumidor es el minorista frente a ellos. La mayoría de los consumidores nunca sabrán que eres un dropshipper, porque no les importa saberlo. Los productos y las buenas experiencias de servicio al cliente son las cosas que impulsan sus decisiones de compra.

El Proceso de Dropshipping en Acción

Al observar los cuatro grupos anteriores, es fácil ver cómo todos caen en un ciclo. El fabricante crea, el mayorista compra, el minorista vende y el consumidor compra el producto final. El dropshipper tiene la capacidad de involucrarse con cualquiera de los tres tipos de proveedores. Es posible que pueda convencer a un fabricante para que realice los pedidos por usted, o podría trabajar con un mayorista para configurar un sistema de cumplimiento de dropshipping, de modo que pueda vender directamente sus existencias en sus propios sitios web. Incluso podría trabajar con un minorista, si está dispuesto a cumplir en su nombre. No importa cómo un dropshipper obtiene acciones, lo que importa es que el dropshipper es quien realiza la venta.

Por ejemplo, supongamos que un dropshipper inició un sitio web de ventas simple llamado Thermal Bottles. Thermal Bottles ofrece termos y botellas de agua de alta calidad. El dropshipper tiene un mayorista que está dispuesto a proporcionar estas botellas de agua y cumplirá los pedidos del remitente. Cuando el cliente hace clic en el botón de compra en el sitio web de Thermal Bottles, la orden de compra se envía al mayorista. Luego, el mayorista procesa la orden de compra, le cobra al dropshipper el costo mayorista del producto y luego comienza el proceso de envío. El cliente recibe el pedido y no tiene idea de que su nueva botella de agua nunca estuvo en posesión de Thermal Bottles.

Toda la información de embalaje y contacto enviada al cliente es la información que le ha proporcionado al mayorista. Entonces, si hay una pregunta o un problema, el dropshipper es el que se contacta, no el mayorista. Todo lo que hace el mayorista es cobrarle el precio con descuento y enviar el producto. Sus ganancias serán el marcado que haya establecido para sus productos. Entonces, si el mayorista le cobra $ 1.50 por una botella de agua y la vende por $ 2.50, habrá obtenido una ganancia de un dólar, menos las tarifas y otros costos asociados con la venta.

Para resumir, el proceso de envío directo es simple: le cobra a un cliente por un producto, luego realiza el pedido en su nombre a un proveedor, que le cobra una tarifa mayorista con descuento. El proveedor maneja el envío y usted maneja la marca, el escaparate y el servicio al cliente. Usted obtiene una ganancia del margen de beneficio, el proveedor obtiene un beneficio de la venta y el cliente recibe su producto. Todos ganan con este modelo.

Debería poder ver que los mayores desafíos para un dropshipper es adquirir el proveedor adecuado y garantizar que el proceso de pedido se realice sin problemas. A un cliente no le importará que el mayorista sea quien arruine el pedido, es el nombre de su empresa en el empaque y es la reputación de su empresa en la línea. Cubriremos formas de encontrar buenos proveedores en un capítulo posterior.

La cadena de distribución tiene múltiples puntos para entrar como un dropshipper. Ya sea trabajando directamente con un fabricante, encontrando un buen mayorista o simplemente tratando con empresas minoristas que están dispuestas a proporcionarle sus suministros a cambio de pedidos, encontrará que existen desafíos únicos detrás de trabajar con cualquiera de ellos. La buena noticia es que a los clientes simplemente no les importa de dónde proviene un producto. Lo único que les importa es que tengan un producto de alta calidad que satisfaga sus necesidades y expectativas. Y siempre que encuentre los proveedores adecuados para trabajar, no debería tener problemas para lograrlo.

Capítulo 6: Evalúe sus Canales de Ventas

Dado que se desconoce el papel de un dropshipper, la percepción que un cliente tiene de usted se basará por completo en la tienda que está operando. Existen múltiples tipos de canales de ventas que puede utilizar, vendiendo sus productos en varios sitios web orientados a las ventas o por su cuenta. Este capítulo analizará y evaluará algunas de las plataformas más populares para vender productos.

Dropshipping en eBay

eBay alguna vez fue el rey de las subastas en línea, especialmente cuando se trataba de encontrar grandes ofertas. A medida que crecía la moda de eBay, las personas comenzaron a descubrir que podían crear negocios funcionales en eBay, optando por centrarse en usar las funciones Comprar ahora en lugar del modelo tradicional de licitación. Con el tiempo, eBay abrazó estos usos y trabajó para crear escaparates legítimos, donde los propietarios de las tiendas podían vender productos tradicionales a granel sin ningún aspecto de licitación.

eBay tiene políticas simples sobre dropshipping. Lo permiten, con la advertencia de que usted todavía es responsable de la calidad y la entrega segura del producto. Eso significa que su reputación y su calificación están en juego cuando ingrese a eBay.

Dado que las personas están buscando activamente en eBay para comprar productos, no tiene que preocuparse demasiado por crear argumentos de venta convincentes. En cambio, solo necesita crear buenas descripciones de productos, tener un producto atractivo y precios competitivos. Los clientes encontrarán su producto simplemente usando el motor de búsqueda de eBay. Esto puede ayudar a ahorrar dinero cuando se trata de publicidad inicialmente. Sin embargo, el inconveniente aquí es que tendrá problemas para crear una identidad de marca sólida y tendrá que lidiar con otros competidores que también se incluirán en el motor de búsqueda. Deberá trabajar para diferenciar su producto de alguna manera, lo que puede ser complicado ya que vende productos a los que puede acceder cualquier dropshipper.

eBay como plataforma de dropshipping no es una terrible idea. No tiene un alto grado de control sobre su escaparate y su producto es solo otro producto en un mar de búsquedas. La adquisición de clientes puede ser más difícil y no podrá establecer una relación suficiente con los clientes a través de las herramientas que proporciona eBay. Puede ser un buen lugar para trabajar como principiante, o si desea tener una mayor variedad de productos que no están conectados temáticamente entre sí, pero en su mayor parte, eBay no le brinda las opciones para ser un dropshipper serio.

Dropshipping en Amazon

Amazon es otra plataforma simple de usar, aunque es bastante similar a usar eBay en sus desventajas. Sus políticas permiten el envío directo, siempre que solo use su propia información en el paquete. No puede tener ninguna información sobre el mayorista o fabricante dentro de su embalaje. De lo contrario, eres libre de enviar con ellos.

Amazon tampoco es ideal como plataforma. La falta de una identidad de marca distinta y, en cambio, el simple resultado de una búsqueda significa que no podrá establecer relaciones significativas con sus clientes. La adquisición de clientes es útil, pero la retención de clientes es extremadamente importante. Si puede retener un gran número de sus clientes, podrá venderles muchos productos. Sin embargo, esto requiere una relación personal y una conexión, que a menudo se fomenta a través de la identidad de la marca. Amazon no le proporciona las herramientas para crear una plataforma de ventas sólida que generará negocios repetidos.

Dropshipping en Shopify

Shopify es una de las mejores plataformas de ventas debido al hecho de que le ofrecen la posibilidad de crear sus propios sitios web de ventas. Un buen dropshipping trata de crear una identidad de marca particular, una que resuene en los oídos de los consumidores y ayude a crear conexiones. Shopify es un sitio web orientado a las ventas, que le ofrece todas las opciones que necesita para crear una tienda en línea hermosa y funcional.

Además de la capacidad de personalizar el aspecto de su sitio web, Shopify ofrece herramientas y aplicaciones que lo ayudarán directamente en sus esfuerzos de dropshipping. Hay aplicaciones que incluso ayudarán a automatizar el envío, lo que ayuda a reducir una de las tareas más exhaustivas dentro del mundo del dropshipping.

El principal inconveniente de usar Shopify es que eres responsable de todos los aspectos de la creación de tu sitio web. Tendrá que trabajar para crear una buena marca visual, lo que a menudo se traduce en pasar tiempo e incluso dinero para encontrar temas premium para su sitio web. Deberá de escribir toda la copia del anuncio usted mismo, trabajar en el SEO para mejorar los resultados de búsqueda y administrar todos los aspectos del proceso de ventas. Shopify le ofrecerá muchas herramientas para usarlo de manera efectiva, pero deberá realizar la mayor parte del trabajo usted mismo.

También hay un costo mensual para Shopify, así como también una tarifa de tarjeta de crédito para tener en cuenta. Pero estos costos son solo parte de la gestión de una tienda en línea. No podrá evitar pagar tarifas por casi todos los servicios de ventas en línea que existen.

Donde Shopify sobresale es en la capacidad de distinguir su propia empresa y crear su propia identidad de marca. Los clientes volverán a un sitio web completamente funcional y podrán ver todos los productos que usted tiene para ofrecerles a ellos. Puede aumentar las ventas, puede comercializar directamente a través de anuncios de Facebook e incluso puede crear sus propios cupones para incentivar las ventas. Estos controles son invaluables para la adquisición y retención de clientes.

Otro gran beneficio detrás de Shopify es que está realmente enfocado en personas que solo quieren crear sitios web de ventas efectivos. Si no desea pasar por el dolor de cabeza de crear su propio sitio web, utilizando un sistema de administración de contenido como WordPress, entonces debería de considerar seriamente usar Shopify. El precio vale lo que obtienes a cambio.

Canales de Venta Alternativos

Los tres principales sitios web mencionados son lo que la mayoría de la gente piensa cuando consideran el dropshipping. Y si bien es cierto que los tres sitios web son grandes vehículos de venta, no son las únicas plataformas que existen. Tiene otras opciones, como crear su propio sitio web, utilizando un CMS como WordPress o Squarespace.

Crear su propio sitio web desde cero le brinda libertad sin restricciones, donde puede hacer casi cualquier cosa que desee, pero hay costos más altos. Tendrá que gastar dinero para que un desarrollador construya el sitio web, o deberá crear uno usted mismo. Hay mucho que ver con los principios de construir un buen sitio web, por lo que, a menos que desee educarse en ese campo, será mejor que vaya con un desarrollador que pueda hacer un sitio web funcional que se vea bien y funcione bien.

Otras opciones incluyen el uso de un competidor de Shopify como WooCommerce. Hay docenas de canales alternativos para considerar, y sinceramente, no son terriblemente diferentes entre sí. Siempre que tenga las libertades creativas para crear una conexión con sus clientes y métodos para retenerlos, debería estar bien. Busque la plataforma que mejor funcione para usted y no se preocupe por los competidores. Cuando recién comienza, todo lo que realmente necesita es algo simple y funcional.

Capítulo 7: Investigación de un Nicho y Selección de Productos

Una vez que haya descubierto en qué tipo de plataforma desea usted vender, necesitará productos para poder vender. Gracias a la gran variedad de mayoristas que existen y a los pequeños fabricantes, realmente no faltan los diferentes productos que puedes vender en tu tienda. Sin embargo, si desea que los clientes compren lo que está vendiendo, primero debe identificar sus necesidades de mercado. Y dado que el mercado en línea es enorme, la mejor manera de asegurarse de que realmente va a hacer ventas, debe identificar un nicho de producto.

¿Qué es un nicho?

Un nicho es una especialidad, un pequeño rincón del mercado que está hiper dirigido a un grupo más pequeño de personas. En el gigantesco mundo de los negocios en línea, simplemente no ganará dinero vendiendo productos generalizados. En primer lugar, no podrá superar los precios que ofrecen las grandes tiendas de cajas, y en segundo lugar, no podrá hacer que la gente visite su sitio web para obtener esos productos. Los productos grandes y muy populares ya tienen mercados establecidos e identidades de marca. No podrás descifrar ese mercado desde afuera.

En cambio, un buen dropshipper puede identificar un nicho de mercado, un mercado que tiene una demanda de un tipo de producto muy específico, un producto que no se vende ampliamente. Un nicho es cómo ganarás dinero como un dropshipper. Si puede identificar un nicho de mercado sin explotar o con bajos niveles de competencia, podrá encontrar un grupo de compradores con mayor probabilidad de comprar sus productos.

El truco, entonces, es descubrir cómo encontrar un nicho de mercado. Los gustos de los consumidores cambian y evolucionan constantemente. Si puede identificar un mercado desatendido y crear una fuerte identidad de marca, puede hacerlo muy bien. Pero requerirá una gran cantidad de investigación de mercado antes de que pueda determinar qué productos debe vender.

Cómo Hacer Investigación de Nicho

La investigación de nicho simplemente requiere que use una combinación de herramientas y resultados de motores de búsqueda para intentar predecir con precisión un área desatendida del mercado. Hay un poco de suerte en este proceso, ya que es difícil encontrar nichos. Es un poco como buscar petróleo. Utiliza las herramientas adecuadas para medir el interés, inspecciona el área, pero realmente no sabrá si ha ganado dinero hasta que comience a perforar.

Afortunadamente, con la cantidad de datos que se captura a través de motores de búsqueda como Google y Amazon, podemos usar herramientas para examinar y encontrar mercados sin explotar. Deberá utilizar herramientas especializadas, como Google Trends, para ver qué buscan las personas. Cuanto más profundice en estas búsquedas, podrá observar qué resultados recibe una persona al escribir un término de búsqueda.

Por ejemplo, si descubres que las personas están buscando botellas de agua roja, podrás buscar por ti mismo y ver cuáles son los resultados. Si hay una gran cantidad de competencia en ese campo, no has encontrado un nicho lo suficientemente fuerte. Lo que lo convierte en un buen nicho es una combinación de alta demanda y baja oferta de mercado. Cuanta menos competencia exista en el campo, más fácil será entrar. Cuanto mayor sea la competencia, menores serán los márgenes de beneficio y menores serán las posibilidades de que usted obtenga la atención de un cliente.

Cómo Usar los Gráficos y Datos de Google Trends

Los resultados de búsqueda son esenciales para identificar un nicho de mercado para ingresar. Los consumidores encuentran productos a través de múltiples métodos, como boca a boca, marketing directo o escribiendo palabras clave en un motor de búsqueda. Al seguir cuántas personas escriben palabras clave específicas en relación con un producto, podemos rastrear cuál es el nivel de interés en un campo específico. Google Trends rastrea estas búsquedas y crea gráficos para que podamos analizar, mostrando interés a lo largo del tiempo. Aquí, no solo podrás seguir la tendencia de las cosas, sino que también podrás ver cómo han evolucionado con el tiempo.

Estos datos son invaluables cuando se trata de rastrear cómo un nicho puede desempeñarse potencialmente. Un nicho que aumenta constantemente a lo largo de los años indica que hay un crecimiento en el sector, lo que desea, ya que más clientes equivalen a más ventas. Una tendencia de búsqueda que muestra una disminución o resultados mínimos a lo largo del tiempo indica que los gustos de los consumidores están cambiando y, como tal, invertir tiempo y energía en la venta de esos productos de nicho podría no devolver ningún beneficio.

Acceder a Google Trends es tan simple como ir a trends.google.com. A partir de ahí, podrá escribir los términos de búsqueda y ver cómo están de moda. Además de las tendencias, podrá ver términos de búsqueda relacionados, ya sea temas similares o términos de búsqueda que arrojen resultados más específicos.

Por supuesto, el uso de Google Trends puede llevar un poco de tiempo, ya que se le pedirá que escriba los resultados de búsqueda a mano. Esto significa que esencialmente estará adivinando sobre los productos potenciales para vender y luego clasificará los resultados para ver si hay tendencias que se mueven en una dirección positiva. Aun así, esta investigación es invaluable. Si puede ubicar un nicho de mercado que está hambriento de buenos productos, puede hacer una fortuna.

Cómo Utilizar las Herramientas de Palabras Clave de Google para la Investigación de Nicho

Google tiene un programa de planificación de palabras clave al que se puede acceder siempre que tenga una cuenta de Google Ads. Crear una cuenta de Ads es gratis y no lleva mucho tiempo, por lo que debe crear una si todavía no tiene. Una vez que haya creado la cuenta publicitaria, podrá acceder a su programa de planificación de palabras clave, un poderoso motor de búsqueda que le permite ver cómo se desempeñan las palabras clave específicas. Esta es una versión más centrada que Google Trends, que solo ofrece vistas generales. Al usar el Planificador de palabras clave de Google, podrá ver sugerencias para palabras clave específicas, en función de los términos que les dé, la cantidad de compromiso que los consumidores tienen con esas palabras clave y la cantidad de competencia para esas palabras clave.

Esto lo ayudará a rebotar en torno a diferentes ideas para encontrar un nicho de mercado. También puede ver cuál es el costo de los tipos de anuncios específicos, lo que puede ayudarlo en lo que respecta a la publicidad de su empresa más adelante.

En definitiva, la investigación de nicho requiere tiempo y esfuerzo. Rastrear los mejores nichos posibles no es fácil, pero cuando encuentre el mercado correcto, será recompensado con un mayor nivel de ventas que si ingresara a un mercado saturado.

Cosas a tener en Cuenta al Seleccionar Productos

Una vez que sepa cómo investigar productos especializados y haya encontrado algunas áreas diferentes que parecen prometedoras, deberá tomar una decisión sobre qué productos desea vender. Esto es más complicado de lo que parece porque no depende de sus propias capacidades de producción, en su lugar, tendrá que salir y encontrar proveedores que le proporcionen esos productos. Esto significa que no siempre encontrará un nicho de mercado adecuado que también se alinee con el sistema de dropshipping.

Otras cosas a considerar al seleccionar productos:

- **Poder de Permanencia**: Desea encontrar un producto el cual no sea una moda pasajera o que simplemente no abandone la conciencia pública rápidamente. Un buen producto es aquel que seguirá siendo solicitado durante mucho tiempo.

- **Repetir compras:** Un gran producto es uno que el consumidor querrá comprar más. Tener una venta única es bueno, pero repetir negocios es invaluable para el crecimiento de su compañía de dropshipping. Por lo tanto, asegúrese de que el mismo cliente pueda comprar una y otra vez el mismo producto, ya que esto ayudará a aumentar en gran medida sus márgenes de beneficio.

- **Punto de precio:** Hay muchas cosas que pueden evitar que un cliente haga clic en el botón de compra, y el precio puede ser una de esas barreras. Cuando recién esté comenzando, es posible que desee considerar centrarse en vender productos de menor precio, en lugar de productos que tienen una prima más alta. Esto no quiere decir que los productos de alta gama no se vendan, simplemente puede ser más fácil vender productos más baratos al principio. Luego, a medida que aprende técnicas efectivas de marketing y ventas, puede comenzar a ofrecer precios más altos.

Medición de Competencia

La competencia es prácticamente imposible de escapar cuando se realiza el dropshipping. El hecho de que cualquiera pueda acceder a proveedores que ofrecen productos similares significa que usted siempre tratará con sitios web rivales. Sin embargo, debe trabajar para mitigar la competencia tanto como sea posible al seleccionar un producto. Si la competencia es demasiado fuerte, se verá obligado a fijar precios competitivos y esto puede traducirse en márgenes muy pequeños.

Encontrar competencia es bastante simple. Todo lo que necesita hacer es realizar una búsqueda en la web de los productos que está pensando en vender y luego estimar la cantidad de resultados directos que está viendo. Luego, pase un tiempo investigando estos sitios web para determinar qué tan fuerte de un competidor son para usted. Aquí hay algunas preguntas para hacer mientras evalúa los mejores resultados de búsqueda de cada campo.

¿Cuál es la Calidad de su Sitio Web?

La calidad del sitio web es un gran problema cuando se trata de la competencia. Un sitio web feo y de bajo funcionamiento que dificulta la compra de artículos puede ser fácilmente derrotado por alguien con un sitio web elegante y de alto funcionamiento. Los usuarios buscan buenas experiencias y pueden desanimarse rápidamente por algo tan simple como el diseño visual. La velocidad que tarda en cargar un sitio web, la marca visual y la navegación conforman la calidad de un sitio web especializado. Si encuentra que los competidores tienen sitios web feos, de mal funcionamiento o de carga lenta, esto puede indicar un área en la que puede ingresar. Dado que básicamente está vendiendo los mismos productos, cosas como la experiencia del usuario tienen una prima más alta para los clientes.

¿Qué Dicen los Clientes?

Las revisiones de productos lo ayudarán a evaluar cómo está funcionando su competencia. Si observa críticas medianas o incluso una gran cantidad de comentarios negativos, tiene el potencial de adelantarse a estos competidores. Identifique cuáles son estas quejas y luego descubra cómo puede resolverlas. Si todo va bien, deberías poder usar ese mayor nivel de calidad para subir de nivel en las clasificaciones.

¿Qué Incentivos están Ofreciendo?

Los incentivos son una parte importante de la creación de una relación de ventas con nuevos clientes. Es muy difícil el convencer a un cliente de que haga clic en el botón de compra, especialmente si está trabajando con esta marca por primera vez. Para ayudar al cliente a comprar, la mayoría de las buenas compañías de ventas crearán incentivos. Ya se trate de descuentos para nuevos usuarios, envío gratis o muestras gratis, la mayoría de las empresas confían en los incentivos para crear ese primer paso fundamental. Intente identificar qué incentivos, si los hay, ofrecen estos competidores. Los incentivos extremadamente atractivos pueden terminar siendo demasiado costosos para que usted compita, si ese es el caso, es posible que desee considerar el moverse hacia un nicho diferente. Por el contrario, los incentivos débiles o inexistentes indican que si te mudas a ese territorio, podrías potencialmente convertir más clientes que tu competidor.

¿Qué Precios están Cobrando?

Aquí es donde está el grande. El precio proviene de una combinación de demanda y competencia. Una empresa intentará obtener la mayor cantidad de ganancias posible, sin embargo, la competencia a menudo empuja los precios a la baja. Dos empresas deben igualar los precios de la otra si compiten por el mismo cliente y ofrecen el mismo producto. Esto reduce el precio al margen de beneficio más bajo posible.

Los altos márgenes pueden indicar una baja cantidad de competencia en el mercado. Si sabe que una botella de agua se vende al por mayor por $1.00 y ve que un competidor la está vendiendo por $ 7.00, eso puede indicar que el mercado no está en esos momentos terriblemente competitivo en esa área. O incluso podría mostrar que esta tienda tiene una participación de mercado significativa. Si ese es el caso, cambiarse y estar con precios competitivos ayudará a desviar las ventas de su competidor y llevarlas directamente a usted.

Por el contrario, podrá decir que si los precios son extremadamente cercanos al valor mayorista, es mejor que no se moleste en ingresar a ese campo. Ya ha estado demasiado saturado y lucharás para encontrar una voz en el mercado.

¿Cuál es el Costo Publicitario de este Producto?

Si bien esto no está directamente relacionado con los sitios web de la competencia, es una pregunta importante. La publicidad pagada es una necesidad en el mundo del marketing en línea. Una forma de analizar el nivel de competencia en un campo es ver cuánto costará la publicidad de un nicho de mercado con anuncios de pago por clic a través de Google o Facebook. Los altos costos de licitación indican que hay un flujo constante de anunciantes que intentan superarse mutuamente por la atención de su mercado objetivo. Los bajos costos de licitación significan que no hay una gran cantidad de demanda, lo que indica que podría entrar en ese mercado con niveles más bajos de competencia.

Encuentre un Nicho donde Pueda Agregar Valor al Producto

Una última reflexión para encontrar un nicho es recordar que el objetivo de todas las ventas es el resolver un problema. Alguien, en algún lugar tiene un problema y necesita que se resuelva ese determinado problema. Sus productos son la solución a ese problema y, como tal, un cliente estará motivado para realizar la compra. Una de las cosas más importantes a tener en cuenta al buscar un nicho es que desea poder encontrar alguna forma de agregarle valor al producto. Ya sea que ese valor sea algo intangible, como un servicio al cliente de calidad o más concreto, como una mayor calidad, querrá encontrar alguna forma de agregar valor al producto. A veces, todo lo que se necesita es la voluntad de escuchar a los clientes potenciales y encontrar las necesidades que tienen en relación con el producto.

Por ejemplo, al observar las reseñas de productos, descubre que la mayoría de los clientes desean una mayor variedad de colores. Simplemente el encontrar un proveedor que pueda proporcionar ese nivel de variedad puede ser todo lo que se necesita para aumentar las ventas y diferenciarse de otros competidores. Esto requiere creatividad y la voluntad de buscar formas de hacer que sus clientes estén más felices con su producto. Cuanto más separe sus productos de otras compañías de dropshipping, más relaciones podrá construir con los clientes. ¡Cuanto más fuerte sea la relación, mejores serán las posibilidades de marketing boca a boca y la repetición de pedidos!

Al final de todo, una de las tareas más difíciles en dropshipping es encontrar el producto adecuado para vender. La investigación de mercado es difícil y, a pesar de todos sus esfuerzos, existe la posibilidad de que simplemente no haya elegido el producto correcto. La buena noticia aquí es que, incluso si no puede encontrar un buen nicho las primeras veces, su inversión fue mínima y no tendrá que preocuparse por un gran almacén lleno de suministros comprados.

Así que sea paciente con usted mismo, pase todo el tiempo que necesite en el paso de investigación y no tenga miedo de volver a la mesa de dibujo si las cosas no funcionan como quería. Si sigues así, eventualmente encontrarás un nicho gratificante que atraerá las ventas que estás buscando. Solo te tomará algo de tiempo y dedicación.

Capítulo 8: Búsqueda de Proveedores y Fabricantes

Cómo Encontrar Proveedores

Una vez que la larga tarea de investigación de mercado haya finalizado, deberá de buscar proveedores que puedan cumplir con los pedidos que va a realizar. Encontrar un buen proveedor no es fácil y requiere mucha búsqueda exhaustiva antes de puede encontrar los que sean adecuados para usted.

Como se mencionó anteriormente, hay dos tipos principales de proveedores, mayoristas y fabricantes. Encontrar un fabricante que esté dispuesto a trabajar con usted de manera directa será raro y no se recomienda para aquellos que recién comienzan. La razón de esto es que los fabricantes a menudo buscan pedidos grandes y simplemente no podrá cumplir con los requisitos mínimos de pedido cuando se encuentre en las fases iniciales. En cambio, le sugerimos que se concentre en buscar un mayorista que esté equipado y sea capaz de cumplir con los pedidos que realice con ellos.

¿Cómo Encuentras un Mayorista?

La forma más probada y verdadera de encontrar un mayorista es comenzar con el fabricante. Una vez que haya identificado el producto que desea vender, busque fabricantes que creen dicho producto. Desde allí, comuníquese con el fabricante y descubra a quién distribuyen sus productos. Al seguir estas pistas, podrá identificar a los mayoristas que compran estos productos y los almacenan. Entonces, se trata simplemente de contactar a esos mayoristas directamente y llegar a un acuerdo con ellos.

Otro método sería el recurrir utilizar búsquedas en Internet para encontrarlos. Pero debe tener mucho cuidado al tomar esta ruta, ya que en Internet hay muchos sitios web que en realidad no son mayoristas, sino más bien estafadores que buscan aprovechar a los nuevos dropshippers. Cubriremos cómo detectar mayoristas falsos a continuación.

O, si desea utilizar un sitio web directo que se centre en hacer coincidir negocios con proveedores, puede considerar usar Alibaba. Alibaba ayuda a conectar dropshippers con proveedores en lugares como China por ejemplo. Por supuesto, existen riesgos al trabajar con algunos de los proveedores, ya que su calidad y estándares pueden ser más bajos. Esto no quiere decir que no haya buenos proveedores en Alibaba, pero debe tener cuidado al buscar proveedores con ellos.

Cómo Detectar Mayoristas Falsos

Desafortunadamente, como cualquier esfuerzo, hay escollos a tener en cuenta. Uno de estos escollos para encontrar un buen proveedor es que hay compañías que fingen ser mayoristas, cuando en realidad son realmente dropshippers disfrazados. Le ofrecen tarifas de productos que realmente ya están marcadas y luego cumplen sus pedidos a través de su propio mayorista, tomando la mayor parte de las ganancias. Usted y el cliente no notarán la diferencia, ya que simplemente envían sus pedidos de compra a sus mayoristas.

Esta puede ser una situación frustrante, ya que reducirá significativamente sus márgenes. Afortunadamente, hay muchas maneras de detectar estas situaciones. La primera forma es la prevención simple. Al seguir la lista de distribución de un fabricante, no correrá el riesgo de encontrar un dropshipper disfrazado de proveedor.

Otro método para notar que usted está trabajando con un mayorista falso es si está ansioso por cobrarle tarifas. Al cobrar una "tarifa de usuario" o "cargos de servicio" mensuales, en realidad solo buscan agregar más dinero a sus resultados. Los mayoristas no ganan dinero cobrando tarifas de servicio dropshipper, sino que ganan dinero vendiendo sus productos. Tenga cuidado con los mayoristas que buscan llenarse los bolsillos con su dinero por adelantado. La mayoría de las veces no son legítimos.

Otra señal de estafa es si el mayorista también está vendiendo directamente sus productos a los consumidores. Los mayoristas no tratan con los consumidores, ese es el trabajo del minorista. Si se encuentra en un sitio mayorista que vende y envía productos directamente a los consumidores, sin pedidos mínimos, es probable que solo esté en el sitio web de un dropshipper.

Otros tipos de estafas que puede intentar un mayorista serían cobrarle por adelantado el costo del producto y luego no enviar el producto cuando realiza el pedido. Esto lleva a una terrible experiencia de servicio al cliente, así como a una solicitud de reembolso, que sale de su bolsillo. Muchas veces, estos falsos mayoristas simplemente desaparecerán o se negarán a responderle. Por eso es importante tener una idea de la ubicación física del mayorista. Si puede obtener buena información de contacto, mantener algunas conversaciones telefónicas con la persona o confirmar que existen y que en realidad son quienes dicen ser, estará bien. Pero si encuentra que ponerse en contacto con alguien de la organización es difícil o que solo existe a través del correo electrónico, hay muchas posibilidades de que estos solo sean un estafador.

Deberá tener precaución y mantenerse muy atento cuando busque mayoristas en línea. No te apresures a nada precipitadamente, en cambio, tómate tu tiempo y realiza tú mismo la investigación. Si siente que algo puede estar mal, o las tarifas que se cobran son simplemente demasiado altas, posiblemente podría estar lidiando con un estafador. Tómate tu tiempo y haz todas las diligencias que debas hacer.

Contactando al Proveedor

Una vez que haya identificado a los proveedores con los que desea trabajar, deberá contactarlos y convencerlos de que trabajen con usted. Una de las grandes ventajas de la popularidad del dropshipping es el hecho de que la mayoría de los proveedores entienden cómo funciona y están de acuerdo en trabajar con nuevos clientes, ya que esto amplía su capacidad para realizar ventas. Sin embargo, solo porque los llames y les digas que eres un dropshipper no significa que confiarán automáticamente en ti.

Deberá verificar que es un negocio legítimo y esto a menudo implica mostrarles que está incorporado, que tiene un plan de negocios, etc. Estos son pasos sencillos y también que los ayudarán a saber que no es solo una persona aleatoria tratando de obtener productos más baratos omitiendo los minoristas.

Los mayoristas a menudo tienen departamentos de ventas que se encargan de ayudar a los clientes potenciales a establecer cuentas con ellos, por lo que es muy probable que llegue y trabaje con ellos. Asegúrese de ir al punto, no haga demasiadas preguntas y señale que la razón por la que se contacta con ellos es que está listo para actuar y trabajar con ellos. Un mayorista no está interesado en ayudar a un emprendedor a comenzar su nuevo negocio, está interesado en realizar ventas.

Puede haber algunas negociaciones o convencimiento requerido, especialmente si el mayorista no tiene una cantidad regular de dropshippers con los que trabaja. Si este es el caso, sea lo más paciente posible y no haga grandes demandas. En su lugar, trabaje para mostrarles cómo su modelo de negocio los ayudará a ganar dinero y ser directo sobre sus objetivos.

Una cosa a tener en cuenta es que cuando comienza a trabajar con un mayorista, incluso en la fase preliminar, está comenzando una nueva relación de negocios. La relación al principio será inestable y no probada. No agregue estrés innecesario al tratar de negociar descuentos u obtener algún tipo de trato para usted. La mayoría de los mayoristas no buscan simplemente reducir sus tarifas con alguien con quien no han tratado. Una vez que tenga un historial y demuestre que no solo proporciona ventas sino que también es confiable, la historia será diferente. Pero al principio, tienes poco más que tus palabras, ¡así que asegúrate de usarlas sabiamente!

Otra cosa a tener en cuenta es el hecho de que los correos electrónicos no son tan efectivos como las llamadas telefónicas cuando se trata de las primeras impresiones. Un correo electrónico se puede descartar rápidamente, pero una conversación telefónica, aunque sea corta, puede causar una buena impresión en la persona a cargo de las cuentas de dropshipping. Al crear esa conexión humana, aumentará sus posibilidades de obtener una cuenta con el proveedor y, lo que es más importante, establecerá una buena relación desde el primer día.

Pagando a su Proveedor

Al proveedor se le paga cada vez que realiza un pedido con ellos, cargando su tarjeta de crédito en el archivo. Esto significa que necesitará tener una tarjeta de negocios que tenga un saldo suficiente para poder pagar los pedidos a medida que ingresen. Otra opción es simplemente recibir una factura del proveedor, pagándoles los pedidos que haya recibido realizado dentro de "X" cantidad de días, en función de los términos que haya establecido con el proveedor. El único problema aquí es que si usted recién está comenzando y no tiene credibilidad, la mayoría de los proveedores querrán ver el dinero por adelantado. No hay ninguna razón por la que deberían otorgar lo que básicamente equivale a un préstamo a alguien con quien no tienen una relación sólida, por lo que es probable que deba esperar hasta que confíen en usted lo suficiente como para otorgarle privilegios de factura.

Señales de un Buen Proveedor

No querrás conformarte con el primer proveedor que hayas encontrado. Al igual que todos los mercados, también hay competencia en el mundo de los proveedores, y querrá elegir los competidores que le ofrezcan el mejor valor. Con eso en mente, veamos algunas señales de un buen proveedor.

Comprensión clara de Dropshipping

Con el crecimiento del dropshipping como industria, querrás trabajar con proveedores que tengan una idea clara de quién eres. Esto lo ayudará enormemente a la hora de hacer que acepten trabajar con usted, ya que ellos no se sorprenderán con el modelo que está describiendo. Además de eso, si entienden y trabajan con dropshippers regularmente, lo más probable es que estén preparados para enfrentarse y acepar trabajar con nuevos dropshippers. Esto se traduce en un mayor nivel de soporte cuando se trata de preguntas de su parte.

Envío y Manejo de Calidad

Deberá asegurarse de que estos proveedores sean competentes en la parte más importante de su función: envío y manipulación. Puede probar esto haciendo algunos pedidos por su cuenta, para ver no solo la calidad de los productos, sino también la velocidad de su envío y si son precisos. No desea terminar trabajando con un proveedor que frecuentemente envía el producto equivocado, ni quiere tratar con uno que se demore cuando se trata de enviar el producto a tiempo.

Accesibilidad

Un buen proveedor está bien equipado para ser accesible mediante el uso de tecnología moderna. Por ejemplo, querrá un proveedor que reciba los pedidos por correo electrónico, en lugar de solo los pedidos manuales enviados por teléfono. Será más fácil trabajar con aquellos que usan la automatización y el seguimiento de datos, especialmente una vez que comience a escalar con su negocio.

Directorios de Proveedores

La última opción que tiene en su búsqueda de un proveedor es usar lo que se conoce como directorio de proveedores. Un directorio contiene un gran catálogo de diferentes proveedores, proporcionándole la información de contacto y resúmenes para que pueda ponerse en contacto con ellos. La desventaja de usar un directorio es que a menudo tiene usted que pagar una tarifa para usar su servicio. Sin embargo, estos directorios pueden ser extremadamente valiosos, especialmente si tiene dificultades para encontrar proveedores a través de los fabricantes.

Es importante que se asegure de haber investigado correctamente el directorio antes de comprar sus servicios. Lo último que desea es terminar comprando una lista de directorio que tiene información inútil u obsoleta. Hacer una búsqueda rápida en línea sobre el directorio debería proporcionarle casi todo lo que necesita saber sobre su confiabilidad.

Aquí hay una lista de algunos directorios de proveedores confiables que hemos compilado:

1. Oberlo
2. Worldwide Brands
3. Alibaba
4. SaleHoo
5. Wholesale Central

Finalmente, después de encontrar un proveedor que esté dispuesto a trabajar con usted, estará listo para comenzar con su empresa de dropshipping. Por supuesto, cuando recién comienza, puede ser un poco abrumador o intimidante levantar el teléfono e intentar convencer a los proveedores para que trabajen con usted. La buena noticia es que con cada llamada telefónica que realice, mejorará cada vez más, hasta que estas discusiones sean de manera más sencilla. ¡En lo único en lo que debe concentrarse es en mantenerlo hasta que tenga todos los proveedores que necesita para su negocio!

Capítulo 9: Manejo de Inventario y Proveedores Múltiples

La gestión del inventario es una pieza importante del rompecabezas del dropshipping. Deberá vigilar de cerca cuánto inventario tiene disponible. La escasez puede amenazar con interrumpir su negocio, y lo último que desea es tomar un pedido grande y no tener la capacidad de cumplirlo adecuadamente.

Mejores Prácticas para la Gestión de Inventario

Lo primero que querrá hacer una vez que haya establecido una relación de dropshipping con un proveedor es obtener acceso a los datos del producto. Estos datos serán necesarios para que pueda realizar un seguimiento de cosas como los UPC, la cantidad de inventario y el precio actual de esos productos. Un buen proveedor tendrá una manera de recibir actualizaciones frecuentes de estos datos, ya sea enviando correos electrónicos diarios automáticos o incluso a través de actualizaciones en línea cada hora. Necesitará estos datos para controlar cómo van las cosas en el inventario final de las cosas.

Afortunadamente, hay muchos servicios en línea que le ofrecerán software un de monitoreo de inventario. Este software por lo general puede tomar cualquier tipo de datos proporcionados por el proveedor y extrapolar todos los detalles importantes y pertinentes para que los vea de un vistazo. Además de eso, puede recibir alertas, sincronizar en diferentes plataformas y recibir información actualizada sobre qué productos se han enviado. Querrá encontrar el tipo de software adecuado para usar, según el tipo de plataforma que esté utilizando. Shopify, por ejemplo, tiene aplicaciones de gestión de inventario que le proporcionarán la información fundamental, a cambio de una tarifa.

Sincronizar datos de inventario con su proveedor es fundamental. Si su inventario actual en línea no refleja lo que tiene su proveedor, significa que los clientes pueden pedir más de lo que usted puede suministrar.

No se resista a la idea de pagar por los servicios de gestión de inventario, ya que estos son simplemente otro costo de hacer negocios. Si bien es posible que analice manualmente su inventario utilizando los datos proporcionados por su proveedor, esto a menudo lleva bastante tiempo. La automatización siempre vale la pena a largo plazo, porque te libera para pasar más tiempo en las cosas importantes.

Cómo Gestionar Múltiples Proveedores

Trabajar con un proveedor es bastante complicado, pero trabajar con múltiples proveedores puede ser un poco abrumador si no tiene un sistema diseñado de manera adecuada. Idealmente, querrá intentar encontrar un único proveedor que pueda suministrar todos los productos que desea vender. Esto es muy beneficioso porque le permite agrupar productos y enviarlos a la misma casa.

Por ejemplo, si un cliente compra una botella de agua y un termo de acero en su tienda, si ambos son vendidos por el mismo proveedor, ambos productos se empaquetarán y enviarán juntos, ahorrando dinero en el envío. Sin embargo, si la botella de agua es propiedad del proveedor A y el termo es del proveedor B, las cosas se vuelven mucho más complicadas.

La primera opción sería el enviar por separado. Esto significa que envía órdenes de compra a ambos proveedores. Pero antes de que pueda hacer eso, usted necesita tener alguna forma de identificar qué producto es propiedad de qué proveedor. Normalmente esto se hace con una SKU, o unidad de mantenimiento de existencias, un código de identificación que le permitirá saber qué compañía posee cuál. Tendrá que ingresar sus propios SKU para cada producto en su inventario, para que pueda saber rápidamente qué productos son propiedad de qué compañía.

Por ejemplo, si vende botellas de agua del Proveedor A y termos del Proveedor B, deberá distinguir el propietario de cada producto utilizando un código SKU único. El proveedor A simplemente podría etiquetarse como ASKU y el proveedor B sería BSKU. Esto significa que cuando ve BSKU150, sabe que el producto es propiedad del proveedor B, solo por mirar el número de SKU.

Un buen sistema de gestión de inventario ayudará a distinguir entre múltiples proveedores. Sin tomarse el tiempo para asegurarse de que cada producto que venda tenga un número de SKU único para el proveedor, corre el riesgo de enviar accidentalmente pedidos al proveedor incorrecto. No sabrán la diferencia y enviarán el producto como lo harían con cualquier otro pedido, enviando al cliente los suministros incorrectos.

Cómo Lidiar con Pedidos Agotados

Los pedidos agotados pueden ser un verdadero problema si no tiene cuidado. La mejor manera de lidiar con un pedido agotado es simplemente evitarlo. Para evitar quedarse sin existencias, querrá encontrar un proveedor de respaldo que ofrezca el mismo producto que ofrece su proveedor actual. De esa manera, si su proveedor principal se queda sin existencias y tiene algunos pedidos ingresados, aún podrá cumplir enviando esos pedidos a su respaldo. Esto ayudará a evitar una crisis y de esa manera mantendrá las cosas funcionando sin problemas.

El estricto monitoreo y control de los datos de su inventario también ayudará a evitar que se produzcan pedidos cuando no tenga existencias. Ser capaz de identificar cuándo el inventario de un producto se está agotando o está vacío le permitirá actualizar rápidamente la página de la tienda, evitando que los clientes hagan clic en el botón Comprar. Por supuesto, si está impidiendo que los clientes realicen compras, está perdiendo dinero, por lo que esto debe de evitarse si es posible.

Sin embargo, puede haber momentos en que ocurra lo peor de lo peor. Por alguna razón, su proveedor tiene agotados los productos y veinte clientes ya han pagado para que el artículo sea enviado a sus hogares. ¿Qué hay que hacer en estas situaciones? Tienes pocas opciones.

Muévete Rápido

Si se encuentra de repente con un pedido de un producto el cual no tiene, es posible que intente pasar rápidamente a otro proveedor. Esto requerirá que te muevas lo más rápido posible, y puede ser una posibilidad remota, pero puedes tener suerte. Siempre asegúrese de tener una lista de proveedores que ofrecen productos idénticos o similares para que pueda obtenerlos lo más rápido posible.

Contacta al Cliente

Si queda claro que no puede completar el pedido dentro de la ventana de tiempo que tiene para el envío, deberá ponerse en contacto con el cliente y proporcionarle opciones. En general, contactarlos por teléfono sería más personal que el correo electrónico, y si debe enviarlos por correo electrónico, no envíe un correo electrónico de aspecto genérico. Esto solo causará más daño. En su lugar, querrá intentar ser honesto y personal, informarles sobre el error que se cometió y luego ver qué puede hacer para corregirlo. Intenta ofrecer un producto similar o dales a ellos un descuento en algo un poco más caro que su pedido actual. Esto es realmente un desafío de servicio al cliente. Si está dispuesto a mostrarles que está en verdad arrepentido y que quiere hacer las cosas bien para ellos, lo llegaran a ver como algo más que una compañía sin rostro.

¿Algunas personas se enojarán? Ciertamente, pero aquellos que no están enojados contigo pueden terminar agradecidos por tu honestidad y disposición a ayudarlos. La escasez ocurre a veces y no es el fin del mundo ello. Lo más importante en estas situaciones es que los clientes se sientan escuchados y atendidos.

Mientras usted sea capaz de lograr eso, es posible que pueda retener sus negocios.

Prepárate para Reembolsar

Lo más probable es que necesite reembolsar a sus clientes en estas situaciones. Debe estar preparado para eso. No le haga pasar un mal momento a su cliente, ni trate de cegar el problema con promesas sin sentido como "se enviará pronto, lo prometo". En cambio, simplemente tome el golpe y siga adelante. Deberá de centrarse más en crear un sistema de gestión de inventario más rápido para evitar esta escasez nuevamente.

La gestión del inventario es un asunto serio. Las herramientas de automatización son y serán su mejor amigo en este campo, ya que lo ayudarán a vigilar de cerca los precios y la escasez, evitando desastres en el servicio al cliente y ayudándole en el proceso de envío. No permita que su deseo de querer aferrarse a unos pocos dólares al mes le impida usar algunas de las herramientas más poderosas que existen. Ahorrará mucho más dinero a largo plazo al usarlos.

Capítulo 10: Manejo de Seguridad y Cuestiones de Fraude

Internet puede ser un lugar muy desagradable a veces. Hay ladrones, piratas informáticos y estafadores que buscan formas de ganar dinero con la debilidad de los demás. Como empresa, deberá de asegurarse de que su sitio web sea seguro, así como también contar con métodos para controlar el fraude y los piratas informáticos que intentan robar datos de los clientes. Lo último que desea es permitir que estos ladrones le causen daños tanto a usted como a sus clientes.

Cómo Lidiar con Pedidos Fraudulentos

Miss Agatha Maple le compra $ 300 en productos un día y eso es motivo de celebración. Pero antes de reventar la campaña, te das cuenta de que se ha iniciado un contracargo. Cuando contacta a la compañía de la tarjeta de crédito, descubre que el número de la tarjeta de crédito de Agatha había sido robado y que los productos fueron pedidos de manera fraudulenta. Ahora, ha perdido los productos y aún tendrá que pagarle a su proveedor por lo que ha comprado.

Esto es más común de lo que tú piensas. Los ladrones de identidad a menudo intentan comprar productos usando números de tarjeta de crédito tan rápido como pueden. Su objetivo es evitar que las compañías de tarjetas de crédito detengan la transacción. Mientras puedan conseguir que envíes los productos, ellos han ganado. Para evitar que esto suceda, deberá seguir unos simples pasos para filtrar los fraudes.

El primer paso es asegurarse de tener sistemas de verificación adecuados. Cosas como solicitar la confirmación del código de seguridad desde el reverso de las tarjetas de crédito pueden ayudar a reducir la cantidad de transacciones fraudulentas. El software de verificación y los programas de seguridad también pueden ser de ayuda. Algunos incluso le brindarán protección financiera en casos de fraude.

Una vez que tenga un sistema de verificación, deberá de estar aislado. Sin embargo, todavía es importante reconocer los signos de fraude potencial, en caso de que alguien logre pasar por alto las grietas.

1. **Dirección de envío diferente de la facturación.**

Los estafadores utilizarán la dirección de facturación del número de tarjeta de crédito que han robado, pero redirigirán los productos para enviarlos a una dirección diferente. En algunos casos, pueden terminar llamando o enviándole a usted un correo electrónico, pidiendo que se cambie la dirección de envío original y se dirija a otro lugar. Estos no siempre son ladrones, pero debería levantar una bandera roja para ti.

2. Grandes Pedidos y Envío Urgente

Un pedido costoso combinado con envío urgente puede indicar la posibilidad de fraude. Recuerde, el estafador está tratando de obtener los productos lo más rápido que se puedan para evitar que el banco o la compañía de tarjetas de crédito bloqueen la tarjeta. Si nota un pedido inusualmente alto combinado con el envío más rápido posible, esto es para usted un motivo de preocupación.

3. Pedidos Internacionales

Si bien no todos los pedidos internacionales son señales de fraude o estafas, si observa que la dirección de facturación no coincide con el país de destino, existe una gran posibilidad de fraude.

Manejo de Casos Sospechosos de Fraude

Si sospecha que un pedido puede ser realizado de manera fraudulenta, debe comunicarse con el cliente lo antes posible. Llama a los clientes o envíales un correo electrónico y comienza un proceso de verificación para ver si realmente son quienes dicen ellos ser. No tengas miedo de hacer tu debida diligencia. La mayoría de los clientes comprenden la prevención del fraude, así que no se preocupe por ofenderlos. Es mejor ahorrarse el problema y el dinero al consultar con el cliente que perder todo el dinero por tener miedo a ofender a alguien.

Asegúrese que los Números de Tarjeta de Crédito de sus Clientes Estén Seguros

El robo de datos está creciendo para ser más común en línea. Las grandes empresas como Equifax han aprendido por las malas que si no protegen sus datos, pueden terminar lidiando con graves consecuencias. Afortunadamente, proteger la información de sus clientes no es un problema muy difícil de resolver.

En primer lugar, querrá asegurarse de que su sitio web esté protegido. Si está ejecutando una plataforma como Shopify, no necesita preocuparse por la seguridad, ya que eso se produce automáticamente. Sin embargo, si está ejecutando su propio sitio web desde un CMS, deberá asegurarse de que tenga un certificado SSL y que haya instalado las medidas de seguridad adecuadas para evitar que se produzca una violación de datos.

La mayoría de los servicios de procesamiento de tarjetas de crédito están protegidos de manera predeterminada (y por ley) para que no tenga que preocuparse por las infracciones, siempre y cuando trabaje con un servicio de procesamiento confiable que tenga garantías de seguridad. Siempre investigue y asegúrese de estar trabajando con procesadores aprobados.

La prevención es realmente la mejor manera de garantizar que no sea víctima de compras fraudulentas. Nada puede ser peor que perder dinero y un producto por un ladrón que usa la tarjeta de crédito de otra persona. Sin embargo, al contar con un sistema de prevención sólido y garantizar que haya algún nivel de verificación antes de enviar un producto, puede dificultar que un ladrón se aproveche de usted. Recuerde, los ladrones y delincuentes a menudo buscan el camino de menor resistencia. Un solo intento de verificación puede terminar sacándolos de sus intenciones y dejando solo su sitio web. Preste atención y asegúrese de que siempre que vea pedidos extraños o fuera de lugar, verifique la compra con el cliente.

Capítulo 11: Evitar los Contracargos

Si bien el fraude puede ser una de las principales causas de una devolución de cargo, no es la única razón. A veces, un cliente puede estar bastante descontento con su negocio y, como resultado, intentará iniciar un contracargo con su compañía de tarjeta de crédito. Un contracargo es muy desafortunado porque no solo tiene que pagar lo que le cobró al cliente, sino que también le cobran una tarifa de la compañía o el banco de la tarjeta de crédito.

No hace falta decir que los contracargos no son buenos para su negocio de ninguna manera. Si desea evitar contracargos, deberá comprender los usos legítimos de tal cosa y lo que llevaría a un cliente a tomar tal decisión.

Contracargos Legítimos:

Un contracargo es una forma legal de recuperar el dinero de un comerciante que ha actuado de manera deshonesta. Fue creado como un método de defensa de los bancos, capaz de proteger a los consumidores de ser aprovechados por los dueños de negocios turbios. La capacidad de contactar a su banco o compañía de tarjeta de crédito y emitir un contracargo en cualquier momento hace que la mayoría de los comerciantes sean honestos. Existen algunas razones legítimas por las que un cliente puede iniciar un contracargo:

1. Compras Fraudulentas

Ya hemos cubierto esto, pero los contracargos son una forma de protección contra el fraude, destinadas a garantizar que la información de la tarjeta de crédito del cliente esté segura en manos de un comerciante. Si un comerciante usa ese número de tarjeta para cobrar más, el cliente puede iniciar un contracargo.

2. Mala Compra

Una compra incorrecta puede definirse como cualquier momento en que un cliente adquiere un producto y se da cuenta de que fue engañado con el de alguna manera. Quizás el producto es de mala calidad, baja calidad y no funciona. Tal vez el producto llegue en ruinas o tal vez ni siquiera llegue en absoluto. De cualquier manera, una mala compra le da al cliente un derecho legítimo de iniciar una devolución de cargo. Si les mintió, se aprovechó

o de alguna manera los engañó, podría estar
pendiente de una devolución de cargo.

Contracargos Ilegítimos

Si bien los dos tipos de contracargos anteriores
se llegan a consideran legítimos, también hay una gran
cantidad de razones ilegítimas para los contracargos. Las
razones pueden incluir: intentar conservar tanto el
producto como el dinero que pagaron, al darse cuenta de
que no querían el producto pero lo usaron de todos
modos y no pueden obtener un reembolso, el envío tardó
demasiado, no les gustó tanto el producto como
pensaban, etc.

Los contracargos ilegítimas suceden y existen
vías para que pueda disputar un contracargo con un
banco o compañía de tarjeta de crédito, pero al hacerlo,
está desperdiciando una gran cantidad de su valioso
tiempo. Los contracargos pueden impugnarse con éxito,
pero necesitará de tener la documentación adecuada
para hacerlo.

Prevención de Contracargos

Tener un contracargo aparece en tu puerta es
doloroso. Resultará en una pérdida financiera y, si no

tiene cuidado, incluso podría terminar suspendido de los servicios de un banco o una compañía de tarjetas de crédito. ¡Esto podría hacer que te pongas en la lista negra! La mejor manera de evitar un contracargo es trabajar para crear una base sólida de servicio al cliente que resuelva activamente los problemas del cliente.

Si un cliente no está satisfecho con un producto, necesitará una vía para que desahoguen esa frustración. Su primera parada debería el ser abrir un canal de comunicación con usted. Es primordial que tengas vías para que puedan contactarte rápida y fácilmente.

Una garantía de devolución de dinero o una promesa de satisfacción a menudo es lo suficientemente buena como para mantener el diálogo con el cliente. Esto puede abrir la discusión y ayudarlo a resolver el problema de su cliente. A veces sus quejas son bastante legítimas, tal vez algo salió mal en el proceso de envío, o tal vez la calidad del producto fue baja. Si ese es el caso, puede trabajar para hacer las cosas bien, lo que evitará que inicien un contracargo. Tener que emitir un reembolso es mucho más ideal que pagar tanto el contracargo como las tarifas asociadas con ellos.

Si el problema del cliente no parece legítimo o justifica una pausa al considerar un reembolso, querrá asegurarse de documentar adecuadamente sus quejas, para que pueda consultarlas más adelante si terminan iniciando un contracargo. Aun así, debe preguntar si emitir un reembolso o encontrar alguna otra forma de hacerlos felices resultaría en más ventas de ellos. Un buen servicio al cliente a veces significa morder la lengua para que el cliente se vaya contento. Es realmente una cuestión de discreción de tu parte.

La mejor manera de evitar contracargos es comunicarse de manera clara sobre su producto y trabajar para asegurarse de que no realice ningún reclamo falso. No le dé a sus clientes municiones potenciales que puedan usar contra usted. Asegúrese de que la calidad de su producto esté a la par con lo que prometió y vigile cualquier posible retraso en el envío, asegurándose de mantener una línea clara de comunicación con el cliente.

Capítulo 12: Manejo de Devoluciones de Productos y Problemas de Envío

Hay momentos en que un cliente decide que desea devolver el producto a cambio de un reembolso. Quizás recibieron el producto incorrecto o la calidad no era la que esperaban. En estos casos, deberá comprender cómo funciona el proceso de devolución.

El Proceso de Devolución

En última instancia, una devolución significa que se le enviará un producto a usted o al proveedor a cambio de un reembolso. Sin embargo, es muy probable que un proveedor tenga sus propios términos y condiciones sobre cómo manejan las devoluciones, incluida su política de reembolso. Algunos no reembolsarán más allá de cierto período de tiempo, como treinta días, y otros no aceptarán devoluciones fuera de parámetros específicos, como productos dañados.

Es importante que conozca las políticas de devolución de su proveedor y que sus propias políticas de devolución son similares, de modo que ustedes dos estén trabajando en el mismo reloj. No desea tener una política de devolución de 15 días cuando su proveedor solo tiene una política de 7 días, porque si el cliente intenta regresar el día 10, tendrá que pagar el costo.

No es irrazonable esperar que un proveedor reembolse el costo del producto, pero puede requerir algo de convencimiento. Si tiene una buena relación con el proveedor, esto no debería ser un problema, pero si está trabajando con un proveedor que es estricto o tiene aversión, es posible que esto sea un poco más difícil. De todos modos, si la devolución se debió a un error por parte de los proveedores, se debe esperar que paguen por ella.

Sin embargo, independientemente de si el proveedor está dispuesto a pagar la devolución o no, el cliente no sabrá la diferencia. A sus ojos, solo están tratando con una entidad: su empresa. Esto significa que al final del día, la responsabilidad de la devolución y el reembolso recaen sobre sus hombros. No puede simplemente decirle a un cliente que no puede aceptar la devolución de un producto defectuoso debido a su proveedor, esto sería frustrante y podría perder un cliente. En cambio, tendrá que trabajar para corregirlo sin importar qué, incluso si se trata de recibir un golpe. Por supuesto, si eso termina sucediendo, lo más probable es que desee repensar su relación con el proveedor.

El proceso de devolución es bastante simple. El cliente se pondrá en contacto con usted para solicitarle una devolución y usted verificará que efectivamente pueda devolver el producto. Luego, se comunicará con el proveedor para obtener lo que se conoce como un número de autorización de devolución de comerciante, que es lo que el cliente pondrá en el paquete cuando lo devuelva. Luego envían el paquete al proveedor, el proveedor le reembolsa el dinero y luego le reembolsa al cliente.

Puede haber costos asociados con una devolución. Algunos proveedores cobran tarifas de reposición como un medio para mantener los retornos al mínimo. A veces, puede evitar pagar una tarifa de reposición, especialmente si el producto era defectuoso o incorrecto, pero la mayoría de las veces solo tendrá que pagar el costo.

Otra tarifa asociada con las devoluciones es el costo de envío del producto. A la mayoría de los clientes no les gustará la idea de tener que gastar su propio dinero para obtener un reembolso, y dado que el error fue suyo o del proveedor, realmente no debería ser su responsabilidad. Comer el costo de envío enviándoles una etiqueta para imprimir no es solo amable, también es un excelente servicio al cliente. Con suerte, esto debería más que rectificar la situación y calmar sus frustraciones.

¿Cuándo Ocurre un Devolución?

Se produce una devolución cada vez que el cliente ha encontrado un motivo suficiente para devolver el producto. O obtuvieron el producto equivocado, la calidad era mala o algún otro problema los llevó a devolverle el producto. Si este es el caso, es posible que desee considerar enviarles su propia dirección para devolver el producto, de modo que pueda examinar qué está mal. Esto podría darle una pista sobre cómo evitar que esto ocurra más en el futuro.

Manejo de Problemas de Envío

Los problemas de envío pueden surgir de vez en cuando, pero no hay razón para preocuparse. El mundo del envío está en un estado constante de cambio, por lo que a menudo se enfrentará a estos problemas. Aquí hay algunos problemas diferentes que puede enfrentar con el envío y formas de resolverlos.

1. Envío Retrasado

El pedido se realizó, el cliente fue cargado, pero por alguna razón hubo un retraso en el envío. Una situación de envío retrasado puede ser frustrante para un cliente, especialmente si ha pagado el envío acelerado o espera ver su producto dentro del plazo previsto.

La mejor manera de manejar el envío retrasado es trabajar para descubrir qué está ralentizando las cosas y luego asegurarse de que el producto se envíe. Si no recibe la confirmación de su proveedor después de haber enviado un pedido, es probable que algo haya pasado por alto. Sea proactivo y regístrese para asegurarse de que las cosas se mueven sin problemas.

Si por alguna razón inevitable el envío se ha retrasado, la mejor opción sería contactar al cliente lo antes posible e informarle sobre el retraso. El cliente no estará encantado, pero la información es clave para reducir la ansiedad con un cliente. Alguien que usa su empresa por primera vez puede ponerse nervioso después de unos días sin confirmación, por lo que querrá mantenerlo informado lo más posible.

2. El Cliente Nunca Recibió su Paquete.

Esto puede ser un verdadero dolor, porque requiere un poco de trabajo de detective. Determinar por qué un cliente no recibió su paquete significa que necesitará pasar tiempo revisando la cadena de distribución. ¿El cliente envió accidentalmente la dirección incorrecta? ¿De alguna manera cometió un error o el proveedor envió el paquete al cliente equivocado? Hay muchas razones por las cuales un paquete nunca llegó a su destino previsto. En algunos casos, el propio cartero podría ser el culpable.

Una vez que detecte quién tiene la culpa, deberá tomar medidas para resolver el problema. La mayoría de las veces, esto simplemente implica enviar un nuevo paquete al cliente y cobrarle al responsable del problema. Si un cliente envió la dirección incorrecta, tiene la culpa y no tiene derecho a ningún tipo de reembolso. Si fue el proveedor o el cartero, se espera que paguen por la pérdida. Si fuera tuyo, bueno, deberías trabajar para automatizar el proceso de envío para que no tengas que preocuparte por estos problemas.

3. Errores de Envío Repetidos

A veces puede encontrar que sus clientes están soportando repetidos errores de envío. O bien, los productos tardan demasiado en llegar, la cantidad de productos se ha estropeado o se han producido otros problemas de envío. Si estos incidentes son pocos y distantes entre sí, puede atribuirlo a ser nada más que un simple accidente y que suceden de vez en cuando. Sin embargo, si se da cuenta de que estos errores de envío se han vuelto demasiado comunes, podría ser el momento de repensar su relación con su proveedor.

Un proveedor es un socio comercial y debería hacer su vida más fácil, no más difícil. Si sufre constantes problemas de envío, en última instancia, afectará su resultado final al dañar su reputación y su relación con los clientes. Si no puede obtener una experiencia de cliente de calidad de su proveedor y no van a tomar medidas para corregir errores constantes, debe buscar un nuevo proveedor. Simplemente no necesitas el dolor de cabeza de tratar de soportar su descuido.

Envíos Internacionales

Dropshipping un proveedor nacional significa que está dispuesto a realizar envíos nacionales, pero no todos los proveedores están interesados en realizar envíos internacionales. Existen desafíos y problemas que son exclusivos de realizar envíos internacionales, así como el aumento de los costos que pueden dañar sus resultados.

Si desea realizar envíos internacionales, deberá asegurarse de que el proveedor con el que está trabajando tenga la capacidad de hacerlo. De lo contrario, es posible que desee considerar la posibilidad de encontrar un proveedor que permita el envío internacional o que se encuentre en otro país, donde a ellos solo se enviaría a nivel nacional.

El envío internacional puede ser costoso, pero si un cliente está dispuesto a pagar esos costos, entonces no hay razón para no ofrecer esa opción. Sin embargo, algunos clientes pueden oponerse a la idea de pagar significativamente más debido al precio del envío y, como tal, se les puede disuadir de usar sus servicios. Si ese es el caso, podría ser mejor solo ofrecer envíos a los países en los que puede proporcionar los costos más bajos. Puede utilizar el software para ayudar a calcular los costos de envío internacional y determinar qué métodos de envío le proporcionarán las tarifas más bajas.

El envío requiere cuidado y monitoreo constante si desea asegurarse de que sus clientes terminen contentos. Parte del proceso de dropshipping es resolver las complejidades de los problemas de envío y trabajar para mantenerse a la vanguardia del juego. Siempre que esté dispuesto a vigilar de cerca el estado de sus productos y trabajar para resolver los problemas de devolución lo más rápido posible, las empresas deben seguir avanzando sin problemas.

Capítulo 13: Errores Comunes de Dropshipping

Por ahora, hemos cubierto todos los puntos básicos para establecer un negocio de dropshipping. Elegir un nicho, encontrar un proveedor y crear una tienda para vender productos son todas partes necesarias del rompecabezas. Estos tres elementos son bastante fáciles de aprender, pero requieren mucho tiempo y energía para dominarlos adecuadamente. Pero en lo que respecta a la preparación, una vez que tenga una comprensión lo suficientemente sólida de estos elementos, ¡debería poder comenzar!

Aprenderás más simplemente haciendo. Cuanto más trabaje en la construcción y el desarrollo de su negocio de dropshipping, más comprenderá los conceptos que se presentan. Y aunque está obligado a cometer errores al crear su primera empresa de dropshipping, debe tener en cuenta que algunos errores son más costosos que otros. Nunca quiere cometer un error a propósito y debe estar dispuesto a aprender no solo de sus propios pasos en falso, sino también de los errores de los demás. En este capítulo repasaremos las dificultades comunes de dropshipping para tener cuidado.

Falta de Preparación

Puede estar ansioso por comenzar con el dropshipping, que es algo bueno. Pero no quiere dejar que esa emoción lo empuje a pasar por alto detalles importantes de su negocio. Olvidar establecer un sólido sistema de gestión de inventario o no buscar un proveedor de respaldo significa que no está preparado para el futuro. Si bien es posible evitar un desastre a corto plazo a través de la suerte, descubrirá que con el tiempo su suerte se acabará. Debe estar preparado para lidiar con todo tipo de desastres en la industria del dropshpping. A lo largo de este libro, hemos hablado mucho sobre los posibles problemas que se le presentarán. Anticípelos y cree planes de contingencia para manejarlos. No hay premios por quedar atrapado sin preparación en este negocio.

Depender Demasiado de un Proveedor

Los proveedores son extremadamente vitales para su éxito como dropshipper. Sin ellos, no podrá vender sus productos en línea. Sin embargo, esta realización puede crear una relación poco saludable con el proveedor. El temor de que pueda terminar perdiendo sus negocios y, por lo tanto, tener que aceptar sus malas prácticas comerciales puede ser paralizante. Algunos dropshippers terminan confiando y centrándose únicamente en un solo proveedor para terminar lidiando con demasiadas frustraciones.

Un proveedor no es más que un medio para un fin. Claro, desea tener una buena relación comercial con ellos, pero al final del día, está trabajando con profesionales con el fin de ganar dinero. Pueden y deben reemplazarse si sus acciones o políticas están afectando negativamente sus resultados. Debe estar dispuesto a buscar nuevos proveedores, especialmente a medida que crece su negocio. Recuerde, un proveedor quiere que sus productos se vendan porque así es como ganan dinero. Si viene con un historial probado, la mayoría estarán encantados de trabajar con usted. Algunos incluso pueden darle mejores ofertas que con quién está trabajando actualmente.

Simplemente no caiga en la trampa de pensar que necesita un solo proveedor para tener éxito. Crea una dependencia poco saludable y puede evitar que logre sus objetivos en el futuro.

Descuidar la Marca

Algunos dropshippers cometen el error de descuidar la creación de una marca fuerte para su empresa. Piensan que, dado que sus productos no son realmente suyos, no tienen motivos para invertir en la creación de una marca visual. Después de todo, no puede simplemente colocar su logotipo en los productos que vende, ¿verdad? Si bien eso puede ser cierto, eso no significa que las personas que visitan su sitio estén buscando productos genéricos. Más bien, están buscando un sitio web bien diseñado que se ajuste a la identidad del producto que están buscando. Si vende productos deportivos, deseará formar la identidad de marca de su empresa en torno a ideas que atraigan al aficionado a los deportes. Elija colores brillantes en el diseño, use modelos deportivos para sus productos e incluso tenga un diseño gráfico que coincida con el tema y la sensación de un equipo deportivo, sin violar ningún derecho de autor, por supuesto.

La marca es una abreviatura en marketing. Tiene la intención de evocar cierto tipo de emoción y asociación. El objetivo es lograr que los clientes que ven su marca asocien rápidamente esos sentimientos y emociones con sus productos. Una buena marca te ayudará mucho cuando se trata de marketing. Pero si deja su sitio web en blanco, con solo un puñado de productos para comprar y tal vez un banner, no evocará ningún tipo de respuesta emocional, ¡excepto el aburrimiento! No puede descuidar la marca solo porque no está directamente involucrado en la creación de estos productos.

Servicio al Cliente Lento

Cuando recién comienza, su relación con los clientes es extremadamente nueva y frágil. Si bien el propietario de un negocio puede manejar muchas cosas en el mundo del dropshipping, las comunicaciones del cliente se encuentran entre las más importantes. Responder preguntas y responder correos electrónicos con prontitud es necesario si va a ganarse la confianza del cliente. Puede ser fácil olvidarse de enviar un correo electrónico, especialmente si tiene muchas cosas en juego, así que asegúrese de priorizar cada vez que reciba un correo electrónico de un cliente. ¡No hay nada peor que ignorar el correo electrónico de un cliente durante cinco o seis días, especialmente si su respuesta hubiera ayudado a motivarlo a hacer clic en el botón comprar!

Querer ver Resultados de Inmediato

Si bien el mundo moderno se inclina hacia la gratificación instantánea, debe saber que iniciar un negocio lleva tiempo. No verás la fruta por bastante tiempo. Aquellos que quieran ver resultados de inmediato pueden comenzar a entrar en pánico a medida que pasan las semanas o los meses sin obtener ganancias. Esto puede conducir al desánimo o simplemente a rendirse. La verdad es que no ganará dinero al instante, de hecho, puede terminar simplemente perdiendo dinero las primeras veces que pruebe esto. Esta noticia no pretende desanimarte, sino brindarte una visión realista de lo que estás enfrentando.

Crear un negocio es como plantar un árbol. Hay muchas cosas que comienzan al principio, como encontrar el suelo adecuado, averiguar cuándo plantar el árbol, etc., pero al final del día, lo único que ayudará a que un negocio o un árbol crezca es el tiempo. Deberá cuidar y cuidar su negocio, y la única forma de hacerlo es ser paciente con el resultado final. Finalmente, el dinero comenzará a llegar, solo lleva tiempo.

Tomando Atajos Éticos

A veces hay oportunidades en el mundo de los negocios en línea para eludir la ética para ganar un dólar. Los reclamos falsos, las mentiras directas o los estafadores de los clientes pueden ser tentadores cuando se considera cuánto dinero hay para ganar. Tomar estos atajos puede hacer que gane dinero a corto plazo, pero causarán graves daños a su empresa e incluso a su reputación personal. Lo último que necesita es terminar en la lista negra de un comerciante serio como PayPal, solo porque tuvo un lapso momentáneo de ética.

Gastar Dinero en Reclamos Audaces

Hay algunas personas que hacen todo tipo de promesas. "Si compra mi producto o curso" pueden decir, "¡aprenderá todo lo que necesita para ganar un millón en su primer año!" Si bien es muy posible ganar un millón de dólares en línea, las posibilidades de lograr ese objetivo en El primer año con dropshipping es increíblemente delgado. Pero hay muchos vendedores ambulantes que están interesados en venderle productos, servicios y cursos que no hacen más que hacer que su billetera sea más liviana.

No mires a las personas que exhiben una mentalidad rápida para hacerse rico. Estas personas hacen su dinero, pero no lo hacen vendiendo cursos y libros. Más bien, busque profesionales probados que sean honestos sobre el riesgo y las dificultades de ganar dinero a través del dropshipping. La educación es necesaria, pero debes prestar mucha atención a las personas que están tratando de educarte. Si están ofreciendo ideas como "dinero fácil" o "hacer una fortuna mientras duermes", es mejor ignorarlos y buscar reclamos más moderados.

Esto no quiere decir que todos los cursos y libros son una pérdida de dinero. Hay personas por ahí que han trabajado duro, triunfaron en su campo y en el proceso aprendieron los entresijos del negocio. Estas personas tienen derecho a venderle su información y experiencias por dinero, pero solo asegúrese de que tengan resultados reales y verificables a las afirmaciones que están haciendo.

La Pereza

El mayor escollo cuando se trata no solo de la industria del dropshipping, sino de cualquier esfuerzo comercial es la pereza. A menudo, nos encontramos presionando mucho al principio, pero disminuyendo la velocidad a medida que pasan los meses. Por lo general, esto se debe a que la emoción de hacer algo nuevo e interesante comienza a desvanecerse. En cambio, nos encontramos luchando por mantener nuestras cargas de trabajo y, lo que es peor, incluso podríamos comenzar a relajarnos.

Los comienzos siempre están marcados por la emoción. Hay mucha energía y pasiones nuevas que nos empujan a hacer mucho trabajo, pero no podemos quedarnos en esa fase de luna de miel para siempre. Con el tiempo, esas pasiones disminuyen y algunas personas creen que la pérdida de fiebre es algo malo. A decir verdad, es de esperar que pierda esa pasión. Muchas prácticas comerciales son bastante mundanas, y sentarse frente a su computadora, examinar las grandes cantidades de datos, descubrir qué tendencias son o no puede ser bastante aburrido.

Este es generalmente el punto donde la mayoría de las personas casuales comenzarán a escabullirse. Sin esa emoción y energía, hay pocas razones para seguir adelante. Aquellos que no renuncian pueden terminar perdiendo su enfoque y pueden comenzar a hacer lo mínimo, simplemente manteniendo su negocio en lugar de trabajar para expandirlo. Este tipo de pereza es el producto de perder todo el punto de ejecutar una operación de dropshipping. El objetivo de cualquier negocio en línea no es obtener placer de él las 24 horas, los 7 días de la semana. El punto no es sentirse emocionado o feliz por lo que está haciendo. El punto es ganar dinero y mucho.

De acuerdo, la emoción y la felicidad pueden ir y venir mientras trabajas. Puede encontrar satisfacción en el trabajo, pero al final del día, está administrando un negocio porque quiere riqueza y las libertades que conlleva. Puede que no sea una experiencia gratificante en este momento, pero a medida que desarrolle su negocio, sabrá que vale la pena. No dejes que la pereza arruine tus posibilidades en las grandes ligas. El fuego se apagará en algún momento, pero la disciplina y el trabajo duro lo compensarán con creces. Y pronto, encontrará que algo más fuerte y mejor reemplaza ese fuego: la satisfacción de ver qué éxito ha logrado.

Capítulo 14: Hacer Crecer su Negocio de Dropshipping

Una vez que haya creado su empresa de dropshipping, querrá comenzar a centrarse en desarrollar una estrategia de crecimiento. Pero antes de que pueda desarrollar esa estrategia, debe comprender cuáles son las métricas que utilizamos para determinar cómo se ve el crecimiento para una compañía de dropshipping.

Métricas

Las métricas son las que nos permiten medir la efectividad de nuestra empresa. Como dropshipper, hay varias métricas clave a las que debes prestar atención, estas son:

1. Adquisición de Clientes

La adquisición de clientes es la cantidad de nuevos clientes que realizan compras por primera vez. Deberá comprender no solo cómo adquirir clientes, sino también cuánto cuesta en términos de publicidad obtener un nuevo cliente.

Este costo se conoce como el costo de adquisición del cliente, o CAC para abreviar.

2. Retención de Clientes

Una vez que haya adquirido nuevos clientes, querrá medir cuántos de estos clientes regresan y hacen más compras. La retención de clientes a menudo puede ser descuidada por aquellos que están comenzando con el comercio electrónico. Por el contrario, siguen la gran idea deslumbrante de conseguir nuevos clientes, sin darse cuenta de que 10 clientes que compran 10 veces es lo mismo que obtener 100 compradores por primera vez. Un buen dropshipper es capaz de crear una relación con los clientes que aumenta su número de retención y asegura un flujo constante de ventas.

3. Tráfico del Sitio Web

El tráfico a su sitio web lo ayudará a tener una idea de cuántas personas se encuentran con su marca. Si bien el tráfico puede ser valioso, es importante no fijarse en él como una medida de éxito. Un millón de visitas a la página no equivale a un millón de ventas. Es mucho mejor descubrir formas de generar tráfico de alta calidad que comprará su producto en lugar de intentar que la mayor cantidad de personas lo visiten como sea posible.

4. Medidas de Conversión

Una conversión es cuando un cliente se convierte en un comportamiento que usted desea. En el caso de dropshipping, una conversión significa una venta. Las tasas de conversión se calculan por la cantidad de personas que interactúan con sus anuncios o páginas de ventas y luego realizan una compra. Como puede suponer, queremos que nuestras tasas de conversión sean lo más altas posible.

Hay muchas otras métricas a las que prestar atención a medida que crece su negocio, pero las cuatro anteriores son las más integrales para comenzar a construir una estrategia de crecimiento. Aquí hay siete estrategias poderosas que puede usar para hacer crecer su negocio.

1: Usa SEO

La optimización de motores de búsqueda o SEO es la práctica de hacer que su sitio web sea fácil de encontrar a través de búsquedas web. Como comentamos cuando hablamos de nichos, los clientes descubren sitios web escribiendo palabras clave en los motores de búsqueda. Al usar esas palabras clave en las descripciones de sus productos y en todo su sitio, puede ayudar a aumentar su clasificación en el motor de búsqueda. Entonces, si habla orgánicamente sobre botellas de agua en su sitio web y alguien escribe botellas de agua en Google, aparecerá en algún lugar de la clasificación.

El SEO ayudará a crear tráfico orgánico para su empresa. No tiene que gastar dinero en publicidad dirigida, sino que debe centrarse en identificar las palabras clave adecuadas que buscan las personas de su nicho. Una vez que haya identificado esas palabras clave, puede esparcirlas por todo su sitio web y colocarlas en las descripciones de los productos de forma orgánica. Luego, a medida que las personas visiten su sitio web, la clasificación aumentará y pronto, puede terminar siendo uno de los mejores resultados.

El SEO es una práctica comercial seria y no se equivoque, debe hacerlo correctamente si desea que su negocio obtenga tráfico gratis. Los detalles de la práctica, sin embargo, están fuera del alcance de este libro. Lo mencionamos como el número uno en la lista porque es muy importante que aprenda cómo funciona. Pasa tu tiempo aprendiendo cómo hacer SEO correctamente, ¡no te arrepentirás!

2: Crea Atractivas Ofertas por Primera Vez

Querrá atraer a sus clientes para que compren sus productos. Sin embargo, existe una barrera considerable entre usted y los posibles compradores, y esa barrera es la confianza. Al comprar en línea, hay muchas cosas que pueden salir mal. Los clientes tienden a ser cautelosos y exigentes. Para que salgan de su zona de confort, los productos deben ser lo suficientemente interesantes como para que tomen la decisión de comprarlo.

Para ayudar a crear la motivación necesaria para realizar la primera compra, debe trabajar para crear algún tipo de oferta atractiva por primera vez. Ya sea que se trate de un código de cupón, envío gratis o un artículo que se incluye con el producto, debe usar un lenguaje que los entusiasme y les interese. Ayúdelos a ver que están obteniendo una gran oferta, solo por hacer la primera compra. Esto a menudo generará más conversiones.

3: Escribir una Buena Copia

Los productos necesitan descripciones. Si bien puede sentir la tentación de escribir una descripción rápida y sin esfuerzo de cada producto, debe darse cuenta de que los clientes no solo miran esas palabras. Los revisan, los estudian en busca de significado y luego toman decisiones sobre los productos. Los elementos visuales son importantes, pero una buena copia es una necesidad si desea convencer a las personas para que compren sus productos.

Escribir una buena copia no es terriblemente difícil de hacer. Simplemente dé una descripción detallada del producto, ensalce sus virtudes e intente mostrar cómo el producto resolverá las necesidades del cliente. No todos los productos necesitan varios párrafos para transmitir la idea, pero debe dedicar tiempo a personalizar lo que dice sobre cada producto. Esto no solo hará que sus productos se vean más atractivos, sino que también lo ayudará a diferenciarse de la competencia.

Si le preocupa no ser un escritor experto, puede considerar contratar a alguien para que le escriba la copia. Si tomas ese camino, asegúrate de que la persona que contrates sea experta en SEO y en escritura. Al combinar esas dos prácticas, aumentará en gran medida su eficiencia de marketing.

4: Use Marketing Pago

El tráfico orgánico es maravilloso, pero solo no puede llegar muy lejos. Si desea aumentar el crecimiento de su empresa, entonces necesitará comercializar. La única forma de comercializar eficazmente a su público objetivo es utilizar sistemas de marketing específicos, como Google Adwords o Facebook Ads. Puede rechazar la idea y, en cambio, tratar de hacer crecer su empresa con métodos gratuitos, como las redes sociales para hablar sobre sus productos, pero el hecho es que tiene que gastar dinero para ganar dinero.

La buena noticia es que, independientemente de su presupuesto, puede comercializar. Facebook solo requiere un mínimo de $ 5 para comenzar, y ofrece un marketing altamente dirigido, lo que significa que colocará anuncios para sus productos frente a las caras de los clientes potenciales. Esto tiene la mayor posibilidad de atraer clientes pagos y, a medida que gana dinero, puede invertir más en su presupuesto publicitario, lo que a su vez atrae a más consumidores.

No tengas miedo de gastar dinero en marketing pagado. Traerá una mayor calidad del tráfico del sitio web y puede aumentar sus posibilidades no solo de adquisición de clientes, sino también de retención de clientes. Gracias a los sistemas de reorientación, a menudo puede rastrear quién ha visitado su sitio y, como tal, colocar anuncios delante de ellos para recordarles que su producto existe.

El marketing pagado es extremadamente poderoso y los datos que puede extrapolar de estos esfuerzos lo ayudarán enormemente a hacer crecer su negocio y refinar sus argumentos de venta. Tómese un tiempo para estudiar cómo utilizar el marketing pago de manera efectiva y luego reserve un presupuesto mensual únicamente para publicidad. Con el tiempo, verá crecer sus esfuerzos.

5: Recopile Correos Electrónicos de Clientes

Una de las mejores maneras de retener a los clientes es tener un método para recopilar los correos electrónicos de los clientes al final del proceso de compra. Por lo general, esto es simple como tener una casilla de verificación que les pregunta si les gustaría recibir ofertas y códigos de descuento por correo electrónico. Una vez que haya recopilado un correo electrónico, puede enviarles boletines y ofertas con la frecuencia que desee. Esta herramienta de marketing gratuita es perfecta, ya que ya tiene un historial con el cliente. Ya compraron su producto una vez, siempre que hayan disfrutado de la experiencia y usted trate su correo electrónico con respeto, puede aumentar las posibilidades de que le compren una y otra vez.

6: Construye un Sistema de Calificación

Un sistema de calificación es una de las formas más valiosas para hacer crecer su negocio. Cuando los clientes recorren su sitio web, buscando productos, también buscarán comentarios. Múltiples revisiones de cinco estrellas indicarán que no solo el producto es valioso, sino que usted, la compañía, es confiable. Agregar un sistema de calificación a sus productos no es difícil, de hecho, algunas plataformas ya pueden tener un sistema de revisión automática.

Mientras tenga buenos productos y brinde una buena experiencia al cliente, no tendrá que preocuparse por las calificaciones negativas. Sin embargo, el hecho de que un cliente esté satisfecho no significa que se conecte automáticamente y califique su producto. De hecho, la mayoría de los clientes no se molestarán en calificar un producto, incluso si lo aman. Esto puede ser un poco frustrante, ya que usted, el minorista, depende de buenas calificaciones.

Por lo tanto, uno de sus desafíos, al realizar ventas, es encontrar una manera efectiva de motivar a sus clientes a revisar sus productos. Los clientes que tienen malas experiencias no necesitan mucha motivación, el rencor, la frustración y la ira tienden a moverlos para hacer clic en el botón de una estrella. Pero un cliente que tiene una buena experiencia está menos enfocado en mostrarlo al mundo.

Por lo tanto, es fundamental que recuerde a su base de clientes que las calificaciones son extremadamente importantes para su negocio. Al enviar correos electrónicos solicitando revisiones, o incluso incluir boletas en su paquete que solicita que un cliente revise el producto, aumenta sus posibilidades de obtener una buena revisión. Algunos clientes ni siquiera piensan en la idea de una revisión, por lo que al recordarles, puede motivarlos a que lo ayuden.

Si bien las revisiones son importantes, nunca debe comprometer su integridad para obtenerlas. Ofrecer cosas como incentivos, productos gratuitos o incluso pagar a las personas para que revisen sus productos no es ético. Las personas deberían dar reseñas de la alegría que recibieron de su producto, no porque colgaran una zanahoria frente a sus caras. El peor de los casos es que los clientes a los que no les gusta la oferta pueden terminar publicando una reseña propia, informando a todos los demás de sus intentos. Esto puede torpedear cualquier buena crítica que tenga en el resto de su sitio, ya que la mayoría de la gente asumirá que compró todas las reseñas en el sitio web.

7: Usa las Redes Sociales

Las redes sociales son extremadamente importantes para sus esfuerzos comerciales. Si bien el marketing pago es la mejor manera de adquirir nuevos clientes, el marketing en redes sociales le permite mantener relaciones con su base de seguidores. Le permitirá tener conversaciones con los clientes, responder preguntas e incluso compartir fotos de personas que disfrutan de su producto. Querrás tener un fuerte centro de redes sociales, utilizando plataformas como Facebook o Instagram, para que las personas a las que les gusta tu producto puedan seguirte.

Las redes sociales proporcionan algo más que una simple presencia, también te dan la capacidad de ver cuáles son las pasiones e intereses de tus seguidores. Al comprometerse e interactuar con ellos, puede tener una idea de quién es su cliente. En el proceso, esto puede ayudarlo a afinar su inventario y darle nuevas ideas de productos para vender.

Por supuesto, debe tener cuidado al utilizar las redes sociales. Sí, querrás hacer crecer tu negocio y tu marca, pero tampoco quieres arriesgarte a dedicar demasiado tiempo a promocionarte. Deje eso a la publicidad pagada. Si las personas solo te ven hablando de tus propios productos y de ti mismo, terminarán llegando a la conclusión de que a tu marca no le importan los demás y que eres un poco tonto. Sin embargo, si te interesa lo que dicen otras personas, compartes el diálogo y aportas valor a los demás, podrás fomentar una conexión más profunda con los seguidores. A su vez, esto genera confianza y las pocas veces que mencionas tus productos, tus seguidores tendrán una mejor oportunidad de escuchar lo que tienes que decir.

Capítulo 15: Consejos y Trucos para el Éxito

Este capítulo es una colección de diferentes consejos y trucos que muchos dropshippers exitosos han utilizado en su búsqueda para ganar dinero en línea. Con suerte, estas ideas lo harán pensar en las diferentes formas en que puede mejorar su negocio a medida que avanza.

Encuentra Productos que te Encanten

La pasión es difícil de contener. Si descubres que estás luchando por preocuparte por ciertos nichos, entonces quizás quieras considerar buscar áreas que te apasionen personalmente. Cuanto más ames y te preocupes por un producto, más motivado estarás para venderlo a otros. No solo eso, sino que también tendrá una idea clara de cómo comercializar el producto correctamente, ya que tendrá conocimiento interno sobre los productos.

No Persigas las Tendencias

Hay una gran diferencia entre encontrar lo que está comenzando a moverse hacia arriba en una tendencia y qué tendencias ya han alcanzado su punto máximo. El mejor lugar para estar con una tendencia es al principio, ya que comienza a ascender rápidamente. Sin embargo, muchos dropshippers terminan haciendo lo contrario. Ven un campo que ya ha alcanzado su punto máximo y saltan, con la esperanza de ganar dinero con alguna nueva tendencia. Esto a menudo termina en un desastre, ya que el mercado ya se ha saturado de empresarios que tenían la misma idea y, en última instancia, la burbuja explota.

El mejor momento para ser parte de una moda es antes de que las personas se den cuenta de que es una moda. Intentar moverse rápidamente a un nuevo espacio es arriesgado y puede ser una pérdida de tiempo y recursos. El verdadero truco es aprender a determinar si una tendencia ya alcanzó su punto máximo o no. En general, trate de prestar atención a lo que dicen el mercado y los creadores de contenido. El momento en que alguien puede identificar el próximo "grande" es el momento en que la burbuja comenzará a hincharse. Recuerde, las personas que ganaron más dinero durante la fiebre del oro fueron las personas que vendían palas, no los buscadores de oro.

Automatiza Todo lo que Puedas

Si bien es valioso aprender a hacer dropshipping manualmente, la verdad es que la automatización es la mejor manera de aumentar el tamaño y la estructura de su negocio. Más automatización significa que puede escalar más rápido, sin enredarse en un montón de trabajo. La automatización también significa que habrá menos errores del operador. No desea interponerse en su propio negocio, así que busque tantas opciones de automatización como sea posible a medida que crea su sitio web de dropshipping. Sí, habrá costos por usar estos servicios, pero estos costos valen la pena, especialmente a medida que comience a escalar.

Una vez que esté ganando dinero decente, es posible que desee considerar contratar a un asistente virtual para llenar los vacíos en las tareas que requieren inteligencia humana. Al contratar a un asistente virtual que esté familiarizado con el dropshipping, puede ahorrar horas de tareas importantes, como investigación de mercado o servicio al cliente. La mejor parte es que un asistente virtual no necesita trabajar en casa, sino que puede ubicarse en cualquier parte del mundo. Siempre y cuando estén familiarizados con el proceso comercial, pueden ayudarlo con las tareas que una máquina simplemente no puede hacer.

Otra forma de automatización es la creación de chatbots para su sitio web. Un chatbot es una inteligencia artificial que es capaz de comunicarse con clientes potenciales, responder preguntas y cuando reciben una pregunta demasiado difícil, simplemente puede remitir al cliente a usted. Los chatbots ayudan a reducir las preguntas comunes de servicio al cliente. Preguntar sobre la disponibilidad, las tarifas de envío u otros tipos de información por correo electrónico puede llevar demasiado tiempo y, francamente, puede automatizarse. El hecho de que un cliente pueda obtener información de inmediato también mejora enormemente su experiencia.

Ejecute más Sitios de Dropshipping

Una vez que comience a crecer, puede ver que existe la posibilidad de aumentar sus ingresos de dropshipping vendiendo otros tipos de productos. Sin embargo, dado que está ejecutando un sitio especializado, puede darse cuenta de que ciertos productos no encajan con su marca. En lugar de intentar diluir su marca al incluir productos que simplemente no pertenecen, debe crear un nuevo sitio web y una nueva marca.

Como ya tiene proveedores y un sitio de dropshpping bastante exitoso, replicar ese éxito no debería ser difícil. El único riesgo real que está tomando es el nuevo nicho al que se dirige. Pero, si ese nicho tiene éxito, ¡esencialmente ha duplicado su potencial de ganancias!

Sin embargo, ejecutar múltiples sitios de dropshipping no es fácil y no debe hacerse hasta que sienta que tiene un control firme en su primer sitio. Una vez que haya ganado suficiente dinero y se sienta cómodo con lo que está haciendo, debe escalar. Pero si aún tiene dificultades para obtener ganancias, no intente aumentar su estrés abriendo una segunda operación. Sin embargo, dicho esto...

No tengas Miedo de Matar tu Nicho

Si eligió un nicho que simplemente no está funcionando bien, podría verse tentado a esperar y ver si las cosas mejoran. Si bien hay algo que decir sobre la paciencia, también hay algo que decir sobre aprender cuándo soltar las cartas. Algunos nichos simplemente no despegan o no tienen suficientes clientes para justificar todo el esfuerzo del dropshipping. Si ese es el caso, sería mejor simplemente renovar su sitio web y centrarse en otro nicho.

La naturaleza especulativa de encontrar nichos significa que esto podría suceder algunas veces. No te desanimes. Encontrar esa área especial con poca competencia y una gran cantidad de clientes es increíblemente difícil de hacer, pero una vez que finalmente lo obtenga, tendrá un flujo de ingresos establecido durante mucho tiempo. Lo que no puede arriesgar es quedarse atascado en un nicho que simplemente no funciona.

Entonces, ¿cuánto tiempo debe esperar para ver un beneficio de sus esfuerzos? Depende, pero en general, si todos sus esfuerzos de marketing apenas devuelven algo y ha pasado unos buenos seis meses trabajando para desarrollar el negocio tanto como sea posible, es hora de dejarlo y seguir adelante.

Un peligro que puede estar presente al tomar estas decisiones se conoce como la Falacia del costo hundido. Es algo parecido a esto. "Ya he invertido seis meses, si me doy por vencido ahora, habré perdido todo ese tiempo y dinero. Por lo tanto, debo continuar para que todo valga la pena". Esto también se conoce como la lógica de Gambler, la idea de que solo porque perdiste "X" cantidad de recursos significa que marcharte es la mala decisión. La verdad es que si continúas, solo perderás más tiempo y dinero, al igual que si un jugador sigue perdiendo dinero, pero permanece en la mesa, seguirá perdiendo más.

Hay un momento para ser paciente con su inversión, pero debe aprender a discernir entre paciencia y aferrarse durante demasiado tiempo. No dejes que la falacia del costo hundido te controle. Lo más probable es que si un nicho no está dando resultado en seis meses, no dará resultado en el mes siete, ocho o nueve. Haga una copia de seguridad del sitio web y continúe probando otro nicho.

Vigila la Competencia

Tendrá competidores en el campo en el que está vendiendo. Es importante que los vigile. Intente identificar los cinco principales competidores en su campo y asegúrese de visitar sus sitios web de vez en cuando. Mire cómo están presentando sus productos, qué tipo de ventas están ofreciendo y cuáles son sus precios.

Lo último que desea es que un competidor lo rebaje en el precio, especialmente si no lo sabe. Al mantener un ojo en la competencia, podrá asegurarse de que sus precios sean competitivos y de que nadie esté engañando a los clientes de manera inteligente. Mejor aún, puede encontrar áreas en las que sus competidores son débiles y encontrar formas de superarlos.

Integrar Redes Sociales

La integración de las redes sociales es importante si desea crear lo que se conoce como prueba social. La prueba social es la idea de que si puedes hablar con personas reales y mostrar sus productos, otros lo verán como una forma de prueba de que los productos son buenos. Vivimos en una era de tremenda prueba social, con miles y miles mirando recomendaciones en sus muros de Instagram y en Twitter.

Si desea generar más ventas a través del marketing boca a boca, debe crear formas de integrar las redes sociales en su sitio web. Ya sea que se trate de un simple botón para compartir o de que el cliente pueda decirles a otros que acaban de comprar un producto X, debe tener accesibilidad para que las personas puedan compartir rápidamente sus experiencias con los demás. Incluso se puede mostrar un solo recurso compartido a cientos de personas, lo que puede aumentar las posibilidades de que alguien haga clic en su sitio web y compre algunos productos.

Presta Atención a las Temporadas

Las compras de temporada, especialmente durante las vacaciones pueden ser enormes. Independientemente del tipo de producto que venda, debe intentar averiguar si hay alguna forma de capitalizar las próximas temporadas de vacaciones. La Navidad es una de las vacaciones de consumo más importantes que existen y si puede encontrar maneras de capitalizarla con su nicho, tendrá un cuarto trimestre muy rentable.

Del mismo modo, algunos productos y nichos pueden sufrir debido a intereses de temporada. Debes asegurarte de que cualquier producto que estés enviando puede vender todo el año o que tengas otro nicho en el que te concentres durante la temporada baja.

A veces no estarás seguro de cómo funcionará un nicho durante una temporada. Si ese es el caso, asegúrese de monitorear de cerca la situación y medir qué tan bien van las cosas. Si encuentra que un nicho sufre intensamente durante una determinada temporada de vacaciones, pero le va bien durante el resto del año, debe tenerlo en cuenta para el futuro. No cometas el error de pensar que estas situaciones son anomalías. La mayoría de las compras en línea son cíclicas, así que tome nota y prepárese para lo que vendrá la próxima vez.

Presta Atención a las Noticias.

El mundo en línea está constantemente zumbando y tarareando con nuevos cambios. Entre los cambios del gobierno en la política en línea, las tendencias que entran y salen de estilo y los cambios en el funcionamiento de las redes sociales, pueden suceder muchas cosas en solo un mes. Si se mantiene al margen, ciertas políticas o tendencias podrían cambiarle, alejando el mercado de usted y dejándolo varado. No cometa el error de suponer que las cosas permanecen igual para siempre con el comercio en línea. Ese simplemente no es el caso. Debes ser como un tiburón, nadando constantemente, buscando nuevas oportunidades y nuevas amenazas. Si no presta atención a las noticias en línea sobre los nichos elegidos y el comercio electrónico en general, ¡podría perderse mucho! Así que asegúrate de nunca dejar de leer las noticias.

Aprende de Analítica

Una de las mayores ventajas de usar negocios en línea es el hecho de que los datos son fáciles de recopilar. Ya sea por la publicidad de Facebook o el tráfico del sitio web, puede sentarse y mirar el tipo de cliente que está interactuando con sus productos. Esto puede proporcionarle información valiosa sobre el grupo de edad con el que resuena su producto, de dónde provienen sus principales fuentes de tráfico y cuán efectivas han sido sus prácticas de marketing.

Si quieres ser bueno en dropshipping, tendrás que dominar el aprendizaje de cómo analizar e interpretar análisis. Acceder a estos datos es bastante fácil, al usar Google Analytics para monitorear su tráfico web, puede crear imágenes completas del tipo de persona con la que está interactuando. No solo eso, sino que también puede crear eventos específicos a través de Google Analytics, como clics en enlaces. Esto le permitirá ver cuántas personas hacen clic en enlaces específicos en su sitio web.

Esto le permite saber cómo interactúan las personas con su sitio, qué productos son más populares, cuánto tiempo permanecen en cada página, etc. El dominio de una comprensión profunda de estos análisis le permitirá modificar su sitio web sobre la marcha, eliminando páginas o productos que no están ganando seguidores. Realmente, si quieres ser excelente en dropshipping, querrás aprender a procesar e interpretar los datos que has recopilado.

Capítulo 16: Promoción de su Negocio de Dropshipping

Construir una empresa desde cero requiere una gran cantidad de promoción. Ya hemos discutido la publicidad paga y dirigida como una de las principales formas en que puede promocionar su negocio, pero esa no es la única forma.

Promover su empresa es realmente promocionar su marca. Las personas no están interesadas en las empresas, están interesadas en las marcas y las identidades que representan. Los clientes buscan marcas con las que tengan similitudes, marcas que celebren sus intereses y pasiones. Por lo tanto, si desea promocionar su empresa, primero deberá promocionar la marca.

¿Qué requiere esto? Primero, necesita una identidad de marca clara, que ya hemos discutido. La identidad de marca es una combinación de diseño visual y mensaje. ¿De qué se trata su empresa? ¿Qué problemas estás resolviendo? ¿Cuál es la pasión de tu empresa? Al responder estas preguntas, puede crear un mensaje fuerte que, con suerte, resonará con su grupo demográfico objetivo.

Una vez que haya descubierto cuál es su mensaje, entonces es su trabajo difundir ese mensaje al resto del mundo. Esto es realmente lo que es la promoción. Es compartir las soluciones a los problemas con los que lidia su nicho. Esta es una mentalidad importante para tener. Su producto los ayudará, y ese es su mensaje para ellos. No se trata de hacerte rico, se trata de proporcionar valor a los demás. Siempre y cuando cumpla con esos principios, podrá promover auténticamente su negocio.

El proceso de promoción de una empresa es lo que se conoce como un embudo de ventas. Para comprender mejor el marketing, debe comprender los pasos que sigue un cliente antes de realizar una compra.

Primer Paso: Conciencia

Antes de que un cliente pueda comprar un producto, debe conocerlo. Generar conciencia en un cliente es uno de sus primeros desafíos importantes como vendedor. Hay muchas maneras diferentes de generar conciencia, pero lo más importante para recordar es que su objetivo es ayudar al cliente a tomar conciencia de la solución a su problema.

Una vez que un cliente ha entrado en la fase de concientización, interactuará con su empresa y comenzará a explorar, o simplemente ignorará sus esfuerzos de promoción. Los que comienzan a interactuar se mueven por el embudo, hacia la fase de Interés.

Segundo Paso: Interés

La fase de interés es donde el cliente potencial comienza a interactuar con su producto. Comienzan a explorar, hacen preguntas sobre el producto y, en general, aprenden más. Por ejemplo, si alguien ve un anuncio que está ejecutando y comienza a hurgar en su sitio web, observando los pocos productos que tiene, está teniendo un interés activo en su producto. Esto les abre el potencial para hacer una compra.

Mover a un cliente de la fase de concientización a la fase de interés puede ser difícil. Hacer que alguien vea su anuncio no es tan difícil como hacer que haga clic en él. En general, querrá trabajar para crear anuncios o promociones interesantes que resalten el valor que su producto está aportando a la vida de las personas.

Una vez que el cliente haya pasado suficiente tiempo en la fase de interés, pasará automáticamente al siguiente paso en el embudo de ventas, la etapa de decisión.

Tercer Paso: Decisión

El punto de decisión ocurre cuando el cliente elige cómo quiere interactuar con su producto. Tienen tres opciones, pueden decir "sí" y comprar el producto, "no" y hacer clic fuera de su sitio o "tal vez más tarde" en el que se irán y considerarán sus opciones. Quizás pasarán más tiempo en el paso de interés, momento en el que finalmente tomarán una decisión de sí o no.

Después de que hayan evaluado cuidadosamente los hechos y los datos que usted les ha proporcionado, se comprometerán a comprar o irse. Esto es lo que es importante para que haga todo lo que esté a su alcance para asegurarse de que sus clientes tengan toda la información pertinente sobre su producto. La falta de información a menudo lleva a los clientes a decidir no realizar la compra o, lo que es peor, avanzar hacia otro competidor que tenga mejor información que usted.

Pero suponiendo que el cliente decida comprar, se pasa a la penúltima etapa, el paso de acción.

Cuarto Paso: Acción

El paso de acción es un paso positivo para el cliente. Aquí es donde comienzan a realizar la tarea de hacer la compra. Normalmente, este debería ser un proceso indoloro. Tenga en cuenta que debe trabajar para que la fase de pago sea lo más rápida y fluida posible. Si no puede crear una vía libre de obstáculos, el cliente puede terminar teniendo dudas y abandonando su carrito. Así que asegúrese de hacer todo lo que esté a su alcance para tener una fase de pago rápida y sin esfuerzo.

Una vez que el cliente ha realizado la compra, ¡ha pasado con éxito por el embudo! Estos cuatro pasos pueden parecer simples, pero debe dedicar tiempo a trabajar en cada parte. Mire cada paso del embudo y pregúntese, ¿cuál sería la mejor manera de llevar a un cliente al siguiente paso?

Su mensaje es una parte importante del embudo de ventas, ya que será una de las principales formas de captar la atención de los clientes potenciales. A continuación hay una lista de diferentes ideas y conceptos que puede usar para ayudar a mover clientes potenciales a través del embudo de ventas de una manera saludable y orgánica.

Ejecute un Concurso

Los obsequios son una excelente manera de hacer dos cosas, primero para generar una lista de correo electrónico de posibles clientes potenciales y, en segundo lugar, para que las personas conozcan su producto. La idea de lo gratuito puede ser un poderoso motivador y si un cliente potencial ve que usted está regalando un producto que le atraiga, se sentirá tentado a inscribirse en la promoción. Incluso si pierden el concurso, aún tienen conocimiento de su producto. Mejor aún, si están decepcionados por esta pérdida, ¡muy bien pueden terminar visitando su sitio más adelante y seguir comprando el producto!

Los obsequios ayudan a generar conciencia sobre el producto. Cuando eres nuevo en la escena, un buen obsequio puede marcar la diferencia en el mundo. Lo mejor de todo es que pueden ser bastante baratos de ejecutar, ya que los mayores costos en los que incurrirá es adquirir el producto, que de todos modos tiene un precio mayorista.

Hacer un concurso es muy fácil de hacer, todo lo que necesita es usar un programa, como Gleam.io, que ayudará a ejecutar el concurso automáticamente. Todo lo que necesita hacer es poner los perímetros del concurso, qué tipo de acciones deberán tomar los clientes para ingresar al concurso y luego el momento en que se ejecuta el concurso. Después de eso, solo se trata de distribuir noticias sobre este concurso, que se realiza principalmente a través de las redes sociales y campañas de correo electrónico.

Un error para evitar es regalar un producto que es demasiado atractivo. No desea que las personas fuera de su nicho participen en el concurso, o simplemente tomarán el producto gratuito y se irán. En cambio, enfóquese en regalar un producto de nicho que atraiga al cliente exacto que desea navegar en su sitio más adelante. Esto aumentará en gran medida sus posibilidades de obtener una venta.

Ejecute un Blog

Si desea vender productos, deberá generar tráfico en su sitio web. Una de las mejores formas de generar pasivamente ese tráfico es dar a las personas una razón para visitar, incluso si no están interesadas en realizar compras. Puede hacerlo ejecutando un blog en su sitio comercial.

Un blog que tenga información relevante y útil para su nicho objetivo generará tráfico pasivo. A medida que visiten su blog, tendrán una exposición repetida a sus productos, así como menciones ocasionales de ventas y ofertas que tenga. Si el blog es de alta calidad y ofrece buen contenido, puede terminar estableciéndose como una autoridad en su nicho. Esto mejorará en gran medida su clasificación cuando se trata de la optimización del motor de búsqueda. No solo eso, sino que también puede atraer clientes de sitios web de nicho similares para seguirte.

Es posible que no seas escritor o que no sientas que tienes suficiente tiempo para ejecutar un blog. Si ese es el caso, puede ser prudente contratar a un profesional independiente que podrá crear suficiente contenido para su sitio web a cambio de una tarifa. Por lo general, estos profesionales tienen la habilidad suficiente para crear contenido atractivo y útil para su cliente, por lo que la inversión puede valer la pena. Sin embargo, antes de gastar demasiado en contratar a un escritor, al menos debería ganar algún nivel de dinero con su sitio web.

Desea utilizar el blog para facilitar el crecimiento, no como un estricto movimiento de marketing.

Patrocinio

Una excelente manera de promocionar su marca y al mismo tiempo devolverle a la comunidad de nicho es patrocinar financieramente a un creador de contenido que se encuentre en su nicho específico. Por ejemplo, podría patrocinar un podcast, pagándoles una tarifa específica y, a cambio, publicarán anuncios en su plataforma. Esta puede ser una gran manera de promocionar su marca y al mismo tiempo aprovechar un mercado ya establecido.

Los beneficios pueden ser un marketing extremadamente específico. Si bien ciertos tipos de anuncios, como Facebook o Google Adwords, tienen niveles más bajos de tasas de conversión, patrocinar un podcast puede ser significativamente mayor. Esto se debe a que los oyentes de podcast confían en el host de podcast que sintonizan semanalmente. Si el anfitrión está dispuesto a hablar o promocionar un producto, es porque realmente aprueba el producto, especialmente si es pertinente para su nicho.

Es importante tener en cuenta que el patrocinio es diferente de las revisiones pagas. Un podcast o un host de YouTube deben revelar que tienen un patrocinio y que no puede dictar cómo hablan sobre su producto, o de lo contrario comienza a desviarse hacia un territorio poco ético. Pero no hay nada de malo en patrocinar una voz popular dentro de su comunidad de nicho y recibir promoción por ello. Incluso si el creador de contenido no es amable con su producto, al menos puede obtener comentarios valiosos sobre formas de mejorar. Por supuesto, es raro que un creador de contenido muerda la mano que se alimenta. Si tiene un buen producto, entonces no tiene nada de qué preocuparse.

Crea Reseñas de Productos

Si bien pagar a un cliente para que revise un producto puede considerarse poco ético, hay formas en que puede facilitar la creación de reseñas de productos. Una de ellas sería ponerse en contacto con los creadores de contenido que revisan productos en su nicho y le ofrecen enviarles una copia de revisión de forma gratuita. Esta es una práctica común en la industria y la mayoría de los revisores de productos revelarán que recibieron una copia gratuita.

Si el creador de contenido acepta, puede enviarles el producto y esperar una crítica positiva. Si su producto está bien y el creador le gusta, tiene un efecto multiplicador. Primero, la audiencia del creador automáticamente tomará conciencia de su producto. Al ofrecer algo como un código de descuento especial a la audiencia, puede aumentar aún más sus posibilidades de conversión.

En segundo lugar, ahora tiene contenido que puede vincular directamente en su sitio web. Dado que un tercero es el que realiza la revisión, creará un mayor nivel de prueba social sobre el valor de su producto. Una persona que navega por su sitio web puede hacer clic en el video y terminar viendo la reseña completa. Esta puede ser una forma efectiva de aumentar las ventas, y el creador de contenido apreciará la oportunidad de tener más espectadores.

Otro tipo de revisión del producto es lo que se conoce como demostración. En lugar de que una parte independiente revise el valor del producto, crea una demostración en video que muestra el producto en acción. Esto puede ser invaluable para los clientes que todavía están buscando razones para convencerse de comprar su producto. Un video rápido, que muestre los entresijos del producto, con ejemplos claros de su uso puede ser de gran ayuda.

Crea Oportunidades de Afiliación

El marketing de afiliación es una de las grandes formas de ganar dinero en línea, ya que las personas trabajan arduamente para crear sitios especializados que revisan y refieren a las personas a buenos productos. Un vendedor afiliado habla sobre el producto, enseña las virtudes y proporciona lo que se conoce como un enlace afiliado. Si un cliente hace clic en el enlace de afiliado y realiza una compra, el vendedor recibe una comisión.

Esta es una de las formas más antiguas y efectivas de marketing. Pero como dropshipper, su rol no será como el vendedor afiliado, sino el editor del producto que ofrece la comisión. Al ofrecer comisiones a los vendedores afiliados, saldrán y harán todo el trabajo duro, promocionarán su producto, recomendarán personas y generarán conciencia. A cambio, les paga una parte de las ganancias.

Trabajar con vendedores afiliados puede ser una excelente manera de generar ventas para su producto sin mucho esfuerzo de su parte. El único inconveniente es que tendrá que pagar una comisión a las personas que traen a esos clientes. Aun así, como dice la vieja pregunta, ¿qué es el 100% de nada? Es mejor tener un 80% de ganancia de 100 ventas que no tener ventas.

Crear un programa de afiliación no es difícil, solo necesitas crear términos de servicio, crear enlaces de afiliación, diseñar algunos banners y salir a buscar bloggers e influencers que estén en tu nicho. Póngase en contacto con ellos y dígales y vea si están interesados en un acuerdo de afiliación. La mayoría de estas personas ya están acostumbradas al marketing de afiliación y buscan más oportunidades. Tener tasas de comisión más altas que las estándar puede hacer maravillas cuando se trata de atraer nuevos vendedores afiliados para trabajar.

Crea un imán de Prospectos

Si ha captado el interés de una persona que forma parte de su mercado objetivo, pero aún no se ha movido a la acción de compra, consideraría que esa persona es un líder. Tienen el potencial de convertirse, pero todavía no están listos. Uno de los problemas con Internet es que, dado que hay mucho por hacer, las personas a menudo pueden hacer clic fuera de su sitio web y olvidar por completo que existe. Peor aún, es posible que les haya gustado su producto, pero un correo electrónico o una imagen hilarante de un gato los distrajo lo suficiente como para olvidarlo.

Un imán de prospectos es lo que te ayudará a capturar el correo electrónico de potenciales prospectos. Luego, más adelante, podrá enviar correos electrónicos al cliente potencial, ofreciendo ofertas y descuentos. Por lo tanto, si el cliente potencial estaba en la fase de decisión o interés, puede motivarlo para que finalice y realice una compra.

Recibir un correo electrónico de un no cliente puede ser difícil, por eso creamos incentivos conocidos como imanes de prospectos. Estos incentivos están dirigidos específicamente a su nicho de cliente y se ofrecen de forma gratuita, a cambio de un correo electrónico. Por ejemplo, si está ejecutando un sitio de nicho de pesca, un potencial imán de prospectos podría ser un libro electrónico gratuito sobre las mejores técnicas para la pesca con mosca. Si esto capta el interés del cliente potencial, se registrarán y le darán acceso a su correo electrónico a cambio de este libro.

Los imanes de prospectos son formas poderosas de promocionar sus productos. Una vez que tenga el correo electrónico de un cliente potencial, puede enviarle ofertas directamente a su bandeja de entrada. Esto capta la atención directa del cliente y siempre que la oferta en su correo electrónico sea atractiva, tiene una mayor probabilidad de una conversión de ellos. Lo mejor de todo es que si el cliente simplemente olvidó realizar la compra o se retrasó debido a una serie de razones, el correo electrónico sirve como un recordatorio útil de que aún existe.

Crear un imán de prospectos no debería ser muy difícil de hacer. Debes asegurarte de evitar hacer que el imán sea demasiado atractivo o, de lo contrario, tendrás clientes potenciales de baja calidad. Si el imán es demasiado ancho, puede terminar obteniendo prospectos que nunca se convertirán. En su lugar, intente crear un imán que solo sea atractivo para su mercado objetivo y que sea fácil de hacer.

Los dos tipos más básicos de imanes de prospectos son libros electrónicos o códigos de descuento. El envío gratuito, 50 por ciento de descuento o dos por uno puede ser un motivador lo suficientemente grande como para convencer a un cliente potencial de que entregue su correo electrónico. O bien, un libro electrónico gratuito con información valiosa puede ser igual de motivador. Deberá asegurarse de que, de cualquier manera, el prospecto sea de buena calidad y haga lo que promete. Lo último que desea es que un cliente potencial se registre en su lista de correo y termine recibiendo un fracaso como recompensa. Esto puede causar frustración y desconfianza inmediata del cliente.

Existen muchos servicios que ayudan con la creación de libros electrónicos, si ese es el camino que desea tomar. No tiene que ser un escritor brillante o un diseñador gráfico, puede subcontratar eso y tener un libro corto y agradable que ayude a resolver un problema del cliente, mientras promueve su negocio.

Otra cosa a tener en cuenta es que cuando recibe el correo electrónico de un cliente, es importante tratarlo con respeto. Hacerlos spam demasiadas veces dará como resultado que se den de baja. Encontrar clientes potenciales es un trabajo difícil y costoso, no desea deshacerlo todo enviando veinte correos electrónicos a la semana.

Conclusión

El camino para convertirse en un exitoso dropshipper no es nada fácil. Se necesita para esto de mucho tiempo, energía y esfuerzo, pero si está dispuesto a recorrer por este camino, encontrará que hay grandes recompensas. La libertad de ser su propio jefe, la emoción de ver crecer sus ventas, semana a semana y el placer de obtener un cheque de pago por todos esos esfuerzos son insuperables.

A lo largo de este libro, hemos discutido las muchas formas en que puede crear, crecer y prosperar como especialista en dropshipping. El principio más importante a tener en cuenta es que no importa cuál sea el esfuerzo, no importa cuánto leas, simplemente no hay reemplazo para el ajetreo. Lo único que queda por hacer ahora es crear un plan de negocios y ponerse a trabajar. ¡Buena suerte!